英語の処理を自動化する
Great Training

英文読解 Gトレ 応用レベル

今井康人 著

立命館中学校・高等学校 教諭

英語の超人になる！
アルク学参シリーズ

「英語の超人になる！」
アルク学参シリーズ刊行に寄せて

大学受験のために必死で勉強する、これは素晴らしい経験です。しかし、単に大学に合格さえすればよいのでしょうか？　現在の日本に必要なのは、世界中の人々とコミュニケーションを取り、国際規模で活躍できる人材です。総理大臣になってアメリカ大統領と英語で会談したり、ノーベル賞を受賞して英語で受賞スピーチを行ったり、そんなグローバルな「地球人」こそ求められているのです。アルクは、大学受験英語を超えた、地球規模で活躍できる人材育成のために、英語の学習参考書シリーズを刊行いたします。

英語を「自動化」すれば 難しい英文もスピーディーに 読めるようになる

今井 康人
立命館中学校・高等学校 教諭

　私はこれまで40年以上、英語を学び続けてきましたが、英語と共に歩んできたおかげで、今では海外にも気軽に行けますし、外国人の友人もたくさんいます。人生が英語のおかげでとても充実しています。しかしそんな私でも、実は今でも英語力を伸ばしたいと思っているほど、英語は奥が深いのです。

　英語を知れば知るほど、理解したい領域はますます広がります。大学入試の英文がスラスラ読めるようになるだけでなく、ネイティブスピーカーと自由自在に話したり、外国のテレビや映画を字幕なしで理解したり、英字新聞の内容を日本語のように理解したりしたいと思うようになるでしょう。高度な内容の英文を読んだり聞いたりすると、難しい単語や表現、複雑な構造の英文に出合います。しかしそこで立ち止まって考えていては、会話のスピードに遅れてしまいますし、テレビや映画もあなたが理解するのを待ってはくれません。英文を読むときでも、ある程度のスピードで読めなければ、読むこと自体が嫌になってしまいます。そこで、できるだけ英語を「自動化」しておくことが必要となるのです。

　「英語が自動化された状態」とは、英語を読んだり聞いたりして内容を即座に理解できる一方、言いたい内容がスムーズに英語で出てくる状態のことです。そのためには、さまざまな単語や表現や構文がストックされていなければなりません。

　本書は2012年に刊行された「英語を自動化するトレーニング 応用編」の改訂版となります。「英語を自動化するトレーニング」に取り組んだ全国の高校生からは「ふとした瞬間に自動化ができている自分に感激」「ハードだけど楽しい。そして英語力がちゃんと身に付く」といったうれしい感想を沢山いただきました。また高校の先生を中心に「ジートレ」の愛称で親しまれていたこともあり、改訂にあたり Great Training を含意し、「Gトレ」を呼称としています。

　英語を自動化するためには、1つの英文を何度も読んだり書いたりして、英語を頭の中に残す必要があります。本書の英文は、英語としての美しさに加えて、内容にもこだわりました。何度読んでも飽きず、気付きがあるものばかりです。『標準レベル』に比べると難易度が上がりますが、英語力を1段階上げるには、自分の力よりも上の英文に触れることが必要なのです。自分が使えるようになりたいと思っている単語や表現や構文が含まれている英文を細部まで理解し、正しい発音で音読し、その英文を自分の言葉で再構築できれば、間違いなくあなたの英語力は向上します。もちろん、大学への合格にも大きく近づきます。一緒に頑張りましょう。

CONTENTS

海外に進出する日本企業
What is Important to be Accepted into Foreign Markets?

行動の裏にある心理を読み解く
How Do We Make Decisions in Our Everyday Lives?

本書の音声について
以下の2つの方法で音声をダウンロードすることができます。

1. パソコンからダウンロード
①アルクのダウンロードセンター
（https://www.alc.co.jp/dl/）にアクセス
②「ダウンロードのお申し込みはこちら」を
クリック
③書籍名または商品コードを検索（7020054）

2.「語学のオトモ ALCO」からダウンロード
① App Store, Google Play からアプリ
「語学のオトモ ALCO」をダウンロード
② ALCO にログインし、
「ダウンロードセンター」へアクセス
③書籍名または商品コードを検索（7020054）

英文読解Gトレ　応用レベルとは

どうやって学習するの？

1つの英文を5つのラウンドに分けて様々な角度から学習していきます。入試レベルの英文を何度も音読しながら、同じ英文を使ったさまざまなタスクを解きます。まずは、英文に含まれる語彙、文法を徹底的にインプットした後、暗唱できるくらいまで何度も英文を音読します。最後に、学習した英文を元に、自分の考えや意見を書いたり、話したりするトレーニングをします。タスクは少しずつ難易度が上がる構成なので、無理なく英語力を伸ばしていくことができます。

4技能統合型トレーニングとは？

読むだけ、聞くだけなど偏った学習をしていてはその部分の技能しか伸ばすことができません。一方でGトレのような4技能統合型であれば「4技能をバランスよく伸ばす」ことができます。また、「英語の文書を読んで発表する」「英語を聞き取り、質問に答える」など複数の技能にわたった活動は、大学入試はもちろん、大学入学後や仕事の場面など、実際の言語の使用場面に近いため、効率よく学んだことを生かすことができます。ちなみにGトレは「Great Training for 4 English skills」の略で、Gには「Global（広範囲にわたる）」「Growth（成長する）」「Grit（根気ある）」などの意味も含まれています。

発信力を伸ばせるトレーニングとは？

英語を発信するには、まず「知っている英語を増やす」ことが大切です。本書のように同じ英文を何度も繰り返すことは、「知っている英語」を増やし、「使える英語」に変えることに繋がります。入試の英文でも、英文の基本となる要素は、中学や高校で習った基本的な英文の中に潜んでいます。まずは本書に出てくる英語を正しく使い、自分の考えを述べることを目指して学習を進めてゆきましょう。応用レベルでは「英検2級から準1級レベルの英語を使って自在に発信できるようになること」を目指します。

4技能をバランス良く伸ばす
5つのラウンド

アイコンの説明
🎧 =聞く　🎙 =話す
✏ =書く　📖 =読む

Round ① **Vocabulary & Useful Expressions** 🎧 🎙 ✏ 📖

（所要時間：5分）

語彙・文法をインプット

語彙を増やすことは受信面、発信面どちらにも役立つ土台となります。
まずは長文に登場する重要語句・表現をチェックしましょう。

ⓐは語句と定義を一致させる問題、
ⓑはカッコに当てはまる表現を選ぶ問題です。

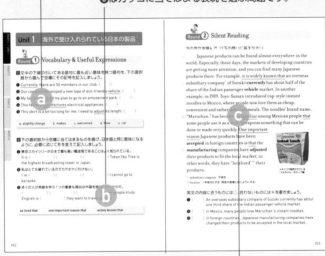

ⓒ正誤問題：英文の内容に合うものには〇、合わな
いものには×を記入します。

Round ② **Silent Reading** 🎧 📖

（所要時間：10分）

英文を黙読する

最初は本文を見ずに、音声を聞いて正誤問題に答えましょう。答え合
わせ後、本文を黙読しながら間違った理由をしっかり確認します。

ポイント

本文を読まずに音声だけを聞いて正誤問題を解くことは、難易度が高くなる
分、自分の弱点を見つける良い機会にもなります。語彙、文法のインプットは、
今後のすべての活動に繋がる土台です。意味、スペリング、発音など、細部
まで含めて徹底的に理解するつもりで取り組みましょう！

Round 3 Oral Reading

（所要時間：15分）

音読で英文を頭に取り込む

誌面で案内されている 6 つのステップに従い、音読をします。英文が
頭に入ったと思うまで音読しましょう。

ⓔ発音のポイント：英文の中で
特に発音に気をつけるべき部分
を解説してあります。音声の後
についてリピートしましょう。

ⓓスラッシュ音読：音声を流して、英文を音読します。
各ステップの後ろには音読の目安となる回数がカッコ内
に記載されていますが、回数にこだわり過ぎず、それぞ
れのステップが完璧になったと思うまで行ってくださ
い。自分が納得するまで音読しましょう。この音読が英
語力向上の鍵となります。

ポイント
スラッシュごとの訳を確認することで、より細かい部分まで英文を理解でき
るようになります。英語だけでなく、日本語のスラッシュ音声が収録されて
いるのは本書の特徴の 1 つです。日本語を聞いて瞬時に英語に直せるように
なることで、スピーキング力、ライティング力といった発信力を伸ばせます。
ぜひトレーニングに役立ててください。

（所要時間：15分）

4 技能をフル活用して英文の理解度・定着度を確認

複数の技能を使用する 4 つのタスクを通じて、これまで学習した英文の理解度、定着度を確認します。

f 音読：音声を聞き、内容を思い出しながら、※2種類の音読をします。

h 誤文訂正：文法やスペリングなど間違いが含まれた英文を読み、どこが間違っているかどうかを指摘します。

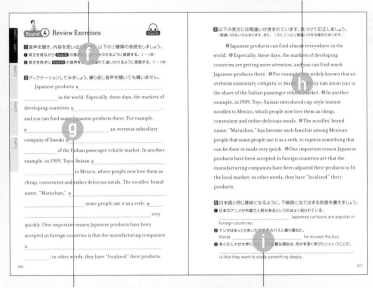

g ディクテーション：音声を聞いて、聞こえてきた英語を書き取ります。

i 部分英作文：英文に出てきた重要表現を使い、日本語に当てはまるように英文を作ります。

※2種類の音読
❶英文を見ながら、音声にぴったりかぶせるように音読（オーバーラッピング）
❷英文を見ずに、音声を 2、3 語遅れて追いかけるように音読（シャドーイング）

ポイント

音読の際は、ただ読み上げるのではなく、しっかりと音声を聞いて、リズム、スピードを意識しながら読むことで、リスニング力、スピーキング力を伸ばしてゆくことができます。ディクテーションでは、文字と音の違いに気が付くことでライティングはもちろん、リスニングの力も伸ばしてゆくことができます。

Round 5 Speaking & Writing ✎✎

（所要時間：15分）

英作文、Q&A、要約などで英語の発信力を鍛える

空欄に当てはまる表現を考えてみましょう。解答は一つではありません。自由に表現してみましょう。この活動をバックトランスレーションと言います。とても効果的です。

k Q&A：英文の内容についての質問に英語で答えましょう。

j 発信：日本語を参考に、下線部を埋めながら音読します。

l まとめ：英文を要約する、キーワードを参考に英文を再構成するなど、それぞれのUnitごとに異なるタスクが設定されています。

Final Exercise

各Partの最後のページには、総まとめタスクがあります。応用レベルとなる本書では、学習したテーマを元に、100〜150語程度の新たな英文を書くタスクが課せられています。別冊の模範解答には高校生が作成した英文（一部を修正）を掲載しているので、参考にして表現の幅を広げてみましょう。ここまでこなせば、自分の頭で考えて、発信することがぐっと身近になるはずです！ この発信力がとても重要です。英語を使えるように頑張りましょう。

海外に進出する日本企業

What is Important to be Accepted into Foreign Markets?

経済が国境を越えてグローバル化し、国内では少子高齢化が進む中、多くの日本企業が新たな市場を求めて海外に進出している。しかし、日本で販売している商品や習慣をそのまま外国に持ち込むだけでは、成功に結びつかない場合もある。地域の実情に合った商品開発や販売戦略の実施が求められているのだ。Part 1 では、さまざまな日本企業の海外での取り組みについて読み、日本企業が海外で成功するには何が必要なのか考えてみよう。

メキシコのスーパーマーケットで販売されている「マルちゃん」のカップ麺

海外に支社や生産拠点を持つ企業が増え、社員が海外で働く機会も多くなっている。もちろん語学力は必須だ。将来、世界で活躍するために、英語のトレーニングを頑張ろう！

Unit 1　海外で受け入れられている日本の製品

Round 1 Vocabulary & Useful Expressions

I 文中の下線の引いてある語句に最も近い意味を持つ語句を、下の選択肢から選んで空欄にその記号を記入しましょう。

❶ Currently, there are 50 members in our club. (　　　)

❷ Our company developed a new type of eco-friendly vehicle. (　　　)

❸ My father accepted my plan to go to an amusement park. (　　　)

❹ This factory manufactures electrical appliances. (　　　)

❺ This skirt is a bit too long for me. I need to adjust its length. (　　　)

a. slightly change　　b. makes　　c. welcomed　　d. Now　　e. car

II 下の選択肢から空欄に当てはまるものを選び、日本語と同じ意味になるように、必要に応じて形を変えて記入しましょう。

❶ 東京スカイツリーが日本で最も高い電波塔であることはよく知られている。

It is (　　　　　) (　　　　　) (　　　　　) Tokyo Sky Tree is
the highest broadcasting tower in Japan.

❷ 私はとても疲れているのでカラオケに行けない。

I'm (　　　　　) (　　　　　) (　　　　　) I cannot go to
karaoke.

❸ 多くの人が英語を学ぶ1つの重要な理由は外国を旅行したいからだ。

(　　　　　) (　　　　　) (　　　　　) many people study
English is (　　　　　) they want to travel abroad.

so tired that　　　one important reason that　　　widely known that

次の英文を読んで、以下の問いに答えなさい。

1　　Japanese products can be found almost everywhere in the world. Especially, these days, the markets of developing countries are getting more attention, and you can find many Japanese products there. For example, it is widely known that an overseas
5 subsidiary company* of Suzuki **currently** has about half of the share of the Indian passenger **vehicle** market. In another example, in 1989, Toyo-Suisan introduced cup-style instant noodles to Mexico, where people now love them as cheap, convenient and rather delicious meals. The noodles' brand name,
10 "Maruchan," has become so familiar among Mexican people that some people use it as a verb, to express something that can be done or made very quickly. One important reason Japanese products have been **accepted** in foreign countries is that the
15 **manufacturing** companies have **adjusted** their products to fit the local market; in other words, they have "localized**" their products.

メキシコで販売されている
「マルちゃん」のカップ麺

* subsidiary company：子会社
**localize：〜を地方化する（特定の地域に向くようにする）

英文の内容に合うものには○、合わないものには×を書きましょう。

❶ [　　　] An overseas subsidiary company of Suzuki currently has about one third share of the Indian passenger vehicle market.

❷ [　　　] In Mexico, many people love Maruchan 's instant noodles.

❸ [　　　] In foreign countries, Japanese manufacturing companies have changed their products to be accepted in the local market.

Round ③ Oral Reading

Track 01-04

以下のステップに従い、英文が頭に入ったと思うまで音読しましょう。

❶ Track 01 を通して聞き、大まかな内容や英語の流れを把握する。（1〜2回）

❷ Track 02 を聞き、右ページの「発音のポイント」を確認し、リピートする。（1〜2回）

❸ Track 03 でフレーズごとに区切られた英語を聞き、対応する日本語を確認する。（1〜2回）

❹ Track 03 でフレーズごとに区切られた英語を聞き、その後英語をリピートする。（2〜3回）

❺ Track 04 で日本語を聞き、対応する英語をテキストを見ながら音読する。（2〜3回）

❻ Track 04 で日本語を聞き、対応する英語をテキストを見ずに音読する。（3〜5回）

Japanese products can be found / almost everywhere in the world. //

Especially, / these days, /

the markets of developing countries are getting more attention, /

and you can find many Japanese products there. //

For example, / it is widely known /

that an overseas subsidiary company of Suzuki /

currently has about half of the share /

of the Indian passenger vehicle market. //

In another example [1], / in 1989, /

Toyo-Suisan introduced cup-style instant noodles to Mexico, /

where people now love them /

as cheap, convenient and rather delicious meals. //

The noodles' brand name, "Maruchan," /

has become so familiar among Mexican people /

that some people use it [2] as a verb, /

to express something /

that can be done or made very quickly. //

One important reason /

Japanese products have been accepted in foreign countries /

is that the manufacturing companies have adjusted their products /

to fit the local market; /

in other words, / they have "localized" their products. //

1 In another example ――――→ 「イナナ ðァイ Ｇ ザ Ｍ プウ」

前の語の語尾に子音があり、次の語の語頭に母音がある場合、その2つの音がくっついて発音される。ここでは「イナナ」のようになる。

2 use it ―――――――――→ 「ユーズィッ」

t, d, b, p, k, gのように、空気の流れをいったん止めた後、一気に吐き出すときに出る音を「破裂音」というが、ここでのように、語尾の破裂音ははっきり発音されない場合がある。

日本の製品は見つけることができる / 世界中ほぼどこでも。//

特に / 今日では /

新興国の市場がより注目を集めつつあり /

そして多くの日本製品をそこで見つけることができる。//

例えば / それはよく知られている /

スズキの海外の子会社が /

現在約半分のシェアを持っていることは /

インドの乗用車市場の。//

別の例を挙げると / 1989年に /

東洋水産はカップ式の即席麺をメキシコに導入したが /

そこでは今では人々がそれを大変気に入っている /

安く、便利で、そしてかなりおいしい食べ物として。//

麺のブランド名「マルちゃん」は /

メキシコの人々の間でとてもよく知られるものとなったので /

それを動詞として使う人もいる /

何かを表現するために /

それはとても早く行われたり作られたりし得るものだ。//

1つの重要理由は /

日本製品が外国で受け入れられてきたことの /

それは製造業者が彼らの製品を適合させてきたことだ /

現地市場に合うように /

つまり / 彼らは製品を「地方化」してきたのだ。//

Round ④ Review Exercises

■ 音声を聞き、内容を思い出しながら、以下の２種類の音読をしましょう。

❶ 英文を見ながら Track 01 の音声にぴったりかぶせるように音読する。（２〜３回）

❷ 英文を見ずに Track 01 の音声を２、３語遅れて追いかけるように音読する。（３〜５回）

■ ディクテーションしてみましょう。繰り返し音声を聞いても構いません。

Japanese products ❶ _____

_____ in the world. Especially, these days, the markets of

developing countries ❷ _____ ,

and you can find many Japanese products there. For example,

❸ _____ an overseas subsidiary

company of Suzuki ❹ _____

_____ of the Indian passenger vehicle market. In another

example, in 1989, Toyo-Suisan ❺ _____

_____ to Mexico, where people now love them as

cheap, convenient and rather delicious meals. The noodles' brand

name, "Maruchan," ❻ _____

_____ some people use it as a verb, ❼ _____

_____ very

quickly. One important reason Japanese products have been

accepted in foreign countries is that the manufacturing companies

❽ _____

_____ ; in other words, they have "localized" their products.

Ⅲ 以下の英文には間違いが含まれています。見つけて訂正しましょう。
（間違いのない文もあります。また、1文に2つ以上間違いがある場合もあります。）

❶ Japanese products can find almost everywhere in the world. ❷ Especially, these days, the markets of developing countries are getting more attention, and you can find much Japanese products there. ❸ For example, it is widely known that an overseas subsidiary company of Suzuki currently had about half of the share of the Indian passenger vehicle market. ❹ In another example, in 1989, Toyo-Suisan introduced cup-style instant noodles to Mexico, which people now love them as cheap, convenient and rather delicious meals. ❺ The noodles' brand name, "Maruchan," has become such familiar among Mexican people that some people use it as a verb, to express something that can be done or made very quick. ❻ One important reason Japanese products have been accepted in foreign countries are that the manufacturing companies have been adjusted their products to fit the local market; in other words, they have "localized" their products.

Ⅳ 日本語と同じ意味になるように、下線部に当てはまる英語を書きましょう。

❶ 日本のアニメが外国で人気があるというのはよく知られている。
_____ Japanese cartoons are popular in foreign countries.

❷ ケンタはゆっくり歩いたのでそのバスに乗り損ねた。
Kenta _____ he missed the bus.

❸ 多くの人々が大学に行く1つの重要な理由は、何かを深く学びたいということだ。

_____

is that they want to study something deeply.

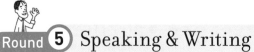

Round 5 Speaking & Writing

Ⅰ 日本語を参考に、下線部を埋めながら音読しましょう。

日本製品は世界中のほとんど至る所で見られる。

Japanese products _____.

特に、今日では、新興国の市場がより注目を集めつつあり、そこで多くの日本製品を見つけることができる。

Especially, these days, _____,

and you can _____.

例えば、スズキの海外の子会社が、現在インドの乗用車市場の約半分のシェアを持っていることはよく知られている。

For example, it is _____ an overseas subsidiary company

of Suzuki _____.

別の例を挙げると、東洋水産は1989年にメキシコでカップ式の即席麺を売り出したが、今では即席麺は安く、便利で、かなりおいしい食べ物として人々に大変好まれている。

In _____, in 1989, Toyo-Suisan _____,

where _____.

麺のブランド名「マルちゃん」は、メキシコの人々の間でとてもよく知られるものとなったので、それをとても早く行われたり作られたりすることを表現する動詞として使う人もいる。

The noodles' brand name, _____ that some

people _____, to express _____.

日本製品が外国で受け入れられてきた1つの重要な理由は、製造業者が製品を現地市場に合うように少し変えてきたことだ。つまり、彼らは製品を「地方化」したのである。

One important reason _____ is that _____

to fit _____; in other words, _____.

II この Unit の英文に関する質問に英語で答えましょう。

❶ How is the word "Maruchan" used by some Mexican people?

_____

_____

_____

❷ Why did some Japanese companies succeed in selling their products in foreign countries?

_____

_____

III 以下のステップに従い、50 語程度の英語で要旨をまとめましょう。

❶ 要旨を探す Round 2 の英文をもう 1 度読み、要旨となる部分（筆者の最も言いたいこと）を探し、下線を引く。

❷ 要旨をまとめる 下線を引いた部分を以下に書き写してまとめる。必要に応じて文をつなげる接続詞などを追加・変更したり、2 回以上登場する名詞を代名詞に書き換えたり、余分な説明や具体例を省いたりして、自然な英文に書き直す。筆者が言いたいことが伝わるように意識すること。

❸ 確認する 文と文とのつながりがおかしくないか、意味が通じるかを確認する。

HINT この Unit では、2 つの文を抜き出してまとめるとうまくいく。

_____

_____

_____

_____

_____

_____

_____

Unit 2　ファミリーマートが上海で成功した理由

Round 1 Vocabulary & Useful Expressions

I 文中の下線の引いてある語句に最も近い意味を持つ語句を、下の選択肢から選んで空欄にその記号を記入しましょう。

❶ During the 1990s, Japan experienced a "lost <u>decade</u>." (　　　)

❷ Masaru <u>purchased</u> his bicycle in an online auction. (　　　)

❸ Finland is famous for its high standard of living.
<u>Furthermore</u>, it is also a country with advanced technology. (　　　)

❹ The musical was <u>adapted</u> for Japanese audiences. (　　　)

❺ The major <u>ingredients</u> of bread are yeast, butter, water, milk and flour.
(　　　)

❻ In Japan, people aged 65 or over <u>account for</u> more than 23 percent of
the population. (　　　)

a. bought　b. In addition　c. contents　d. changed　e. make up　f. ten years

II 下の選択肢から空欄に当てはまるものを選び、日本語と同じ意味になるように、必要に応じて形を変えて記入しましょう。

❶ 魔法のつえを使って、魔法使いはカボチャを馬車に変えた。
(　　　　　　　　) a magic stick, the wizard changed a pumpkin into a
carriage.

❷ ユカは入試に合格するために一生懸命勉強した。
Yuka studied hard (　　　　　) (　　　　　　　) she (　　　　　　)
pass the entrance examination.

❸ 携帯電話のおかげで人にいつでも連絡することができる。
Cellphones (　　　　　　) us (　　　　　　　) contact people at any time.

❹ 私は電車に乗っている間音楽を聞くのが好きだ。
I like listening to music (　　　　　) (　　　　　　　) on the train.

so that will　　　　use　　　　while ride　　　　enable to

次の英文を読んで、以下の問いに答えなさい。

FamilyMart, a Japan-originated chain of convenience stores, entered the Chinese market in 2004, opening its first shop in Shanghai. In the past **decade**, the **purchasing** power of Shanghai consumers has increased while the number of nuclear families* and office workers has also increased. Because of this, ready-to-eat meals sold at convenience stores, such as *bento*, *onigiri* and *oden*, have readily become a part of the Chinese diet. **Furthermore**, FamilyMart **adapted** their products so that they would be accepted in the market. One example is a new style of oden with **ingredients** on skewers**, and another is a larger size onigiri with lots of ingredients inside. These products enable busy Chinese people to eat while walking, studying or working. As a result of these efforts, in 2010, ready-to-eat items **accounted for** over 35 percent of FamilyMart's sales in Shanghai.

中国のファミリーマートでのおでん販売の様子

* nuclear family：核家族
**skewer：串、焼き串

英文の内容に合うものには○、合わないものには×を書きましょう。

❶ [　　　] During the last ten years, Shanghai consumers gained more money to buy goods and services.

❷ [　　　] A larger size onigiri is convenient for busy Chinese people.

❸ [　　　] FamilyMart changed their products, but they were not accepted by Chinese people.

Round **3** Oral Reading

Track 05-08

以下のステップに従い、英文が頭に入ったと思うまで音読しましょう。

❶ Track 05 を通して聞き、大まかな内容や英語の流れを把握する。（1〜2回）
❷ Track 06 を聞き、右ページの「発音のポイント」を確認し、リピートする。（1〜2回）
❸ Track 07 でフレーズごとに区切られた英語を聞き、対応する日本語を確認する。（1〜2回）
❹ Track 07 でフレーズごとに区切られた英語を聞き、その後英語をリピートする。（2〜3回）
❺ Track 08 で日本語を聞き、対応する英語をテキストを見ながら音読する。（2〜3回）
❻ Track 08 で日本語を聞き、対応する英語をテキストを見ずに音読する。（3〜5回）

FamilyMart, / a Japan-originated chain of convenience stores, /

entered the Chinese market / in 2004, /

opening [1] its first shop in Shanghai. //

In the past decade, /

the purchasing power of Shanghai consumers has increased /

while the number of nuclear families and office workers has also

increased. //

Because of this, / ready-to-eat meals sold at convenience stores, /

such as *bento*, *onigiri* and *oden*, /

have readily become a part of the Chinese diet. //

Furthermore [2], / FamilyMart adapted their products /

so that they would be accepted in the market. //

One example is a new style of oden /

with ingredients on skewers, /

and another is a larger size onigiri /

with lots of ingredients inside. //

These products enable busy Chinese people /

to eat while walking, studying or working. //

As a result of these efforts, / in 2010, /

ready-to-eat items accounted for over 35 percent /

of FamilyMart's sales /

in Shanghai. //

発音のポイント　Let's Repeat!

1 opening ──────→ 「オウプニンＧ」
「オープニンＧ」ではなく、「オウプニンＧ」と二重母音を
しっかり発音する。

2 Furthermore ──────→ 「ファーðァーモア」
fは、上の前歯を下唇に付けてその間から空気を出す。
thは、舌先を上の前歯の下にしっかり付け、弱く「ズ」の
ように発音する。日本人には難しい発音が続くが、どち
らもおろそかにならないように気を付けよう。

ファミリーマートは / 日本発祥のコンビニエンスストアのチェーンで /

中国市場に参入した / 2004年に /

上海に1号店を開店して。//

過去10年間に /

上海の消費者の購買力は高まった /

核家族や会社員の数も増加する一方で。//

これにより / コンビニエンスストアで販売されている調理済み食品は /

弁当やおにぎりやおでんのような /

すぐに中国人の食生活の一部となった。//

その上 / ファミリーマートは製品を作り変えた /

それらが市場に受け入れられるように。//

1つの例は新しいスタイルのおでんである /

具が串刺しになっている /

そして別の例はより大きなサイズのおにぎりだ /

たくさんの具が中に入っている。//

これらの製品は忙しい中国の人々ができるようにする /

歩き、勉強し、あるいは働いている間に食事を取ることを。//

こうした努力の結果 / 2010年に /

調理済み商品は35パーセント以上を占めた /

ファミリーマートの売上の /

上海で。//

Round ④ Review Exercises

Track 05

I 音声を聞き、内容を思い出しながら、以下の2種類の音読をしましょう。

❶ 英文を見ながら Track 05 の音声にぴったりかぶせるように音読する。(2〜3回)

❷ 英文を見ずに Track 05 の音声を2、3語遅れて追いかけるように音読する。(3〜5回)

II ディクテーションしてみましょう。繰り返し音声を聞いても構いません。

FamilyMart, ❶ _____

_____, entered the Chinese market in 2004,

❷ _____. In the

past decade, the purchasing power of Shanghai consumers has

increased ❸ _____

_____. Because of this,

ready-to-eat meals sold at convenience stores, such as *bento*,

onigiri and *oden*, ❹ _____

_____. Furthermore, FamilyMart ❺ _____

_____

in the market. One example is a new style of oden with ingredients

on skewers, and another is ❻ _____

_____.

These products ❼ _____

_____, studying or working. As a result of

these efforts, in 2010, ready-to-eat items accounted for over 35

percent of FamilyMart's sales in Shanghai.

Ⅲ 以下の英文には間違いが含まれています。見つけて訂正しましょう。
（間違いのない文もあります。また、１文に２つ以上間違いがある場合もあります。）

❶ FamilyMart, a Japan-originated chain of convenience store, entered the Chinese market in 2004, opened its first shop in Shanghai. ❷ In the past decade, the purchasing power of Shanghai consumers have increased while a number of nuclear families and office workers has also increased. ❸ Because of this, ready-to-eat meals selling at convenience stores, such as *bento*, *onigiri* and *oden*, have readily became a part of the Chinese diet.

❹ Furthermore, FamilyMart adapted their products and that they would be accepted in the market. ❺ One example is a new style of oden with ingredients on skewers, and other is a larger size onigiri with lots of ingredients inside. ❻ These products enable busy Chinese people eat while walking, studying or working. ❼ With a result of these efforts, in 2010, ready-to-eat items accounted for over 35 percent of FamilyMart's sales in Shanghai.

Ⅳ 日本語と同じ意味になるように、下線部に当てはまる英語を書きましょう。

❶ チョコレートをあげることで、ノリカはタロウに告白した。

_____, Norika confessed her love to Taro.

❷ ブラウン氏は、その会議に遅れないようにモーニングコールを依頼した。

Mr. Brown asked for a morning call _____

_____ the meeting.

❸ 飛行機のおかげで、非常に短時間のうちに別の都市に行くことができる。

Airplanes _____ to another city in a very short time.

❹ テレビを見ている間に、良いアイデアが思い浮かんだ。

A nice idea occurred to me _____.

Round ⑤ Speaking & Writing

Ⅰ 日本語を参考に、下線部を埋めながら音読しましょう。

ファミリーマートは、日本発祥のコンビニエンスストアのチェーンで、2004年に上海に1号店を開店し、中国市場に参入した。

FamilyMart, _____, entered _____,

opening _____.

過去10年間に、核家族や会社員の数が増加する一方、上海の消費者の購買力は高まった。

In _____, the purchasing power _____

while _____.

そのため、コンビニエンスストアで販売されている弁当、おにぎり、おでんなどの調理済み食品は、すぐに中国人の食生活の一部となった。

Because _____, ready-to-eat meals _____,

such as _____, have _____.

その上、ファミリーマートは、市場に受け入れられるように製品を作り変えた。

Furthermore, FamilyMart _____ so that _____.

1つの例は具が串刺しになっている新しいスタイルのおでんで、別の例はたくさんの具が中に詰まった、より大きなサイズのおにぎりだ。

One example is _____, and another is _____.

これらの製品のおかげで、忙しい中国の人々は、歩いたり、勉強したり、働いたりしている間に食事を取ることができる。

These products _____ while _____.

こうした努力により、2010年に、調理済み商品は、上海のファミリーマートの売上の35パーセント以上を占めた。

As _____, in 2010, ready-to-eat items _____.

Ⅱ このUnitの英文に関する質問に英語で答えましょう。

❶ What are the examples of ready-to-eat meals mentioned in the text?

_____

❷ According to the text, what is the difference between Japanese *onigiri* and the new style onigiri sold in FamilyMart in Shanghai?

_____

_____

_____

Ⅲ 以下のステップに従い、50語程度の英語で要旨をまとめましょう。

❶ 要旨を探す Round 2の英文をもう1度読み、要旨となる部分（筆者の最も言いたいこと）を探し、下線を引く。

❷ 要旨をまとめる 下線を引いた部分を以下に書き写してまとめる。必要に応じて文をつなげる接続詞などを追加・変更したり、2回以上登場する名詞を代名詞に書き換えたり、余分な説明や具体例を省いたりして、自然な英文に書き直す。筆者が言いたいことが伝わるように意識すること。

❸ 確認する 文と文とのつながりがおかしくないか、意味が通じるかを確認する。

HINT このUnitでは、核となる3つの文を抜き出した上で、余分な内容を削り、足りない部分を自分の言葉で補足するとうまくいく。

_____

_____

_____

_____

_____

_____

_____

Unit 3　成功事例から学ぶべきこと

Round ① Vocabulary & Useful Expressions

Ⅰ 文中の下線の引いてある語句に最も近い意味を持つ語句を、下の選択肢から選んで空欄にその記号を記入しましょう。

❶ The doctor advised me not to drink <u>beverages</u> with caffeine. (　　)

❷ Check-in counters for <u>domestic</u> flights are on the second floor. (　　)

❸ 100-percent cotton shirts <u>shrink</u> after being washed. (　　)

❹ The unemployment rate <u>declined</u> slightly from last month. (　　)

❺ The two major political parties <u>competed</u> in the election. (　　)

a. become small	b. national	c. fell	d. fought	e. drinks

Ⅱ 下の選択肢から空欄に当てはまるものを選び、日本語と同じ意味になるように、必要に応じて形を変えて記入しましょう。

❶ あの黄色のスーツは君によく似合うよ。(＝君はあの黄色のスーツを着ると素敵に見える。)

You (　　　　　) (　　　　　　　) in that yellow suit.

❷ マンガだけでなく小説も読むべきだ。

You should read (　　　　　) (　　　　　　) comics (　　　　　　)
(　　　　　) novels.

❸ ますます多くの日本人がメジャーリーグでプレーしている。

(　　　　　) (　　　　　　) (　　　　　　) Japanese people are
playing major league baseball.

❹ ラザニアの作り方を教えてください。

Let me know (　　　　) (　　　　　　) cook lasagna.

more and more	not only but also	how to	look nice

次の英文を読んで、以下の問いに答えなさい。

1　　Sometimes, localized products <u>look strange</u> to Japanese people. Suntory, a **beverage** maker, was the first company to sell oolong tea in plastic bottles[*] in Shanghai. When they entered the market, only sweet drinks like cola or orange juice were available
5　at shops. By conducting research before its release, employees of Suntory found that in China people tend to buy soft drinks for their sweetness. The employees thought that sugar-free tea might not be popular. Therefore, they sold <u>not only</u> sugar-free tea <u>but also</u> sweetened tea that was low in sugar content. Thanks to this
10　idea Suntory's oolong tea was accepted by Chinese consumers.

　　The Japanese **domestic** market has been **shrinking** due to the **declining** birth rate and an aging population, and <u>more and more</u> Japanese companies are being forced to expand into foreign
15　markets. These successful cases of localization are great examples for Japanese companies of <u>how to</u> **compete** in new markets.

低糖（左）と無糖（右）のウーロン茶（缶入り）

* plastic bottle：ペットボトル

英文の内容に合うものには○、合わないものには×を書きましょう。

❶ [　　] Suntory sold only sugar-free oolong tea in plastic bottles in Shanghai.

❷ [　　] The Japanese domestic market has been shrinking.

❸ [　　] Japanese companies do not have to expand into foreign markets.

Round ③ Oral Reading

Track 09-12

以下のステップに従い、英文が頭に入ったと思うまで音読しましょう。

❶ Track 09 を通して聞き、大まかな内容や英語の流れを把握する。(1〜2回)
❷ Track 10 を聞き、右ページの「発音のポイント」を確認し、リピートする。(1〜2回)
❸ Track 11 でフレーズごとに区切られた英語を聞き、対応する日本語を確認する。(1〜2回)
❹ Track 11 でフレーズごとに区切られた英語を聞き、その後英語をリピートする。(2〜3回)
❺ Track 12 で日本語を聞き、対応する英語をテキストを見ながら音読する。(2〜3回)
❻ Track 12 で日本語を聞き、対応する英語をテキストを見ずに音読する。(3〜5回)

Sometimes, / localized products look strange to Japanese people. //
Suntory, / a beverage [1] maker, / was the first company /
to sell oolong tea in plastic bottles / in Shanghai. //
When they entered the market, /
only sweet drinks like cola or orange juice / were available at shops. //
By conducting research before its release [2], /
employees of Suntory found /
that in China / people tend to buy soft drinks for their sweetness. //
The employees thought /
that sugar-free tea might not be popular. //
Therefore, / they sold not only sugar-free tea but also sweetened tea /
that was low in sugar content. //
Thanks to this idea /
Suntory's oolong tea was accepted by Chinese consumers. //
The Japanese domestic market has been shrinking /
due to the declining birth rate and an aging population, /
and more and more Japanese companies are being forced /
to expand into foreign markets. //
These successful cases of localization /
are great examples for Japanese companies /
of how to compete in new markets. //

発音のポイント　Let's Repeat!

1 beverage ──────────→「ベヴァリジ」

bとvの音は全く違う。bはいったん口を閉じて息を吐き出す破裂音だが、vは前歯が下唇に触れているときに音が出る摩擦音だ。違いを意識して発音しよう。

2 release ──────────→「リリーS」

カタカナで書くと同じ「リ」になってしまうが、reとleは全く違う音だ。最も大きな違いはrが舌先をどこにも付けずに発音するのに対し、lは舌先を上の歯茎の裏側にしっかり当てて発音すること。注意しよう。

時には / 地方化された製品は日本人には奇妙に見える。//

サントリーは / 飲料メーカーだが / 最初の会社だった /

ペットボトル入りのウーロン茶を販売した / 上海で。//

彼らがその市場に参入したとき /

コーラやオレンジジュースのような甘い飲み物だけが / 店で入手できた。//

発売前に調査を行うことにより /

サントリーの社員たちは知った /

中国では / 人々は甘味を取るためにソフトドリンクを買う傾向にあると。//

社員たちは考えた /

無糖のお茶は人気が出ないかもしれないと。//

そのため / 彼らは無糖のお茶だけでなく甘さを加えてあるお茶も販売した /

それは低糖であった。//

このアイデアのおかげで /

サントリーのウーロン茶は中国の消費者に受け入れられた。//

日本の国内市場は縮小し続けている /

出生率の低下と人口の高齢化によって /

そしてますます多くの日本企業が強いられている /

外国市場へ進出することを。//

これらの地方化の成功事例は /

日本企業にとって素晴らしい例だ /

新しい市場でどのように戦うべきかの。//

Round ④ Review Exercises

Track 09

Ⅰ 音声を聞き、内容を思い出しながら、以下の2種類の音読をしましょう。

❶ 英文を見ながら Track 09 の音声にぴったりかぶせるように音読する。(2～3回)

❷ 英文を見ずに Track 09 の音声を2、3語遅れて追いかけるように音読する。(3～5回)

Ⅱ ディクテーションしてみましょう。繰り返し音声を聞いても構いません。
　(ここではSometimesから始まる段落のディクテーションをします)

Sometimes, localized products ❶ _____

_____ . Suntory, a beverage maker, was ❷ _____

_____

_____ in Shanghai. When they entered the market,

❸ _____

_____ at shops. By conducting research before

its release, employees of Suntory found that in China people tend

to buy soft drinks for their sweetness. ❹ _____

_____

_____ . Therefore, ❺ _____

_____

that was low in sugar content. Thanks to this idea Suntory's oolong

tea was accepted by Chinese consumers.

III 以下の英文には間違いが含まれています。見つけて訂正しましょう。
（間違いのない文もあります。また、1文に2つ以上間違いがある場合もあります。）

❶Sometimes, localized products look like strange to Japanese people. ❷Suntory, a beverage maker, was a first company to sell oolong tea in plastic bottles in Shanghai. ❸When they entered the market, only sweet drinks like cola or orange juice was available at shops. ❹By conducting research before its release, employees of Suntory found that in China people tend buying soft drinks for their sweetness. ❺The employees thought that sugar-free tea might not be popular. ❻Therefore, they sold not only sugar-free tea and also sweetened tea that was low in sugar content. ❼Thanks for this idea Suntory's oolong tea was accepted by Chinese consumers.

❽The Japanese domestic market has been shrunk due to the declining birth rate and an aging population, and fewer and fewer Japanese companies are being forced to expand into foreign markets. ❾These successful cases of localization are a great example for Japanese companies of what to compete in new markets.

IV 日本語と同じ意味になるように、下線部に当てはまる英語を書きましょう。
❶ タクヤは食べているとき幸せそうに見える。
Takuya _____ he is eating.
❷ ますます多くの韓国人歌手が日本のテレビに出演している。
_____ are appearing on Japanese TV.
❸ 私は外国人に横浜への行き方を尋ねられた。
I was asked by a foreigner _____.

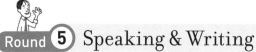

Round ⑤ Speaking & Writing

Ⅰ 日本語を参考に、下線部を埋めながら音読しましょう。

時には、地方化された製品は日本人には奇妙に映ることがある。

Sometimes, _____ .

飲料メーカーのサントリーは、上海でペットボトル入りのウーロン茶を販売した最初の会社だった。

Suntory, _____, was _____ .

彼らがその市場に参入したとき、コーラやオレンジジュースのような甘い飲み物しか市販されていなかった。

When they _____, only _____ .

発売前に調査を行うことにより、サントリーの社員たちは、中国では甘味を取るためにソフトドリンクを買う傾向にあると知った。社員たちは、無糖のお茶は人気が出ないかもしれない、と考えた。

By _____, employees _____ people _____ .
The employees _____ .

そのため、彼らは無糖のお茶だけでなく、甘さを加えてあるお茶で低糖のものも販売した。

Therefore, _____ that was _____ .

このアイデアのおかげで、サントリーのウーロン茶は中国の消費者に受け入れられた。

Thanks to _____ .

日本の国内市場は出生率の低下と人口の高齢化により縮小し続けており、ますます多くの日本企業が外国市場へ進出せざるを得なくなっている。

The Japanese domestic market _____ ,

and _____ .

こうした地方化の成功事例は、日本企業が新しい市場でどのように戦うべきかの素晴らしい例だ。

These successful cases _____ .

Ⅱ このUnitの英文に関する質問に英語で答えましょう。

❶ What are the major products of Suntory?

_____

❷ What made Suntory 's oolong tea accepted by Chinese consumers?

_____

_____

_____

Ⅲ 以下のステップに従い、50語程度の英語で要旨をまとめましょう。
　　（ここでは、Sometimesから始まる段落の要旨を書きます）

❶ 要旨を探す Round 2の英文をもう1度読み，要旨となる部分（筆者の最も言いたいこと）を探し、下線を引く。

❷ 要旨をまとめる 下線を引いた部分を以下に書き写してまとめる。必要に応じて文をつなげる接続詞などを追加・変更したり、2回以上登場する名詞を代名詞に書き換えたり、余分な説明や具体例を省いたりして、自然な英文に書き直す。筆者が言いたいことが伝わるように意識すること。

❸ 確認する 文と文とのつながりがおかしくないか、意味が通じるかを確認する。

HINT Sometimes から始まる段落は、1つのトピックセンテンス（要旨が凝縮された文）とそれをサポートする具体例から成り立っている。まずトピックセンテンスを探し、その後具体例の意味するところを自分の言葉で簡潔に言い換えて補足するとよい。

_____

_____

_____

_____

_____

_____

_____

Part 1 Final Exercise

以下のテーマについて 100 ～ 150 語程度の英語で書いてみましょう。

日本企業が海外市場で成功するためにはどのような工夫が必要でしょうか。あなたの考えを、それを裏づける具体例と合わせて述べなさい。Part 1 で学習した内容を参考にしても構いません。

Part 2 行動の裏にある心理を読み解く

How Do We Make Decisions in Our Everyday Lives?

私たちは日常生活で、さまざまな決断を迫られている。朝何時に起きるか、晩ご飯に何を食べるか、といったささいなことから、どの大学に進学するか、どんな仕事をするかといった大きなことまで、人生は決断の連続と言ってもよいだろう。そうした意思決定には、周囲の人々の行動やメディアによる情報など複雑な要素が、われわれ自身も気付かないうちに影響を与えている。社会心理の観点から、意思決定の過程について考えてみよう。

Part 2 の英文を読むと、無意識に生活することの危うさに気付かされる。普段から、周囲の動向などに流されず、自分の意思をしっかり持ってさまざまな決断をしたいものだ。

Unit 4　日常生活における意思決定の場面

Round 1　Vocabulary & Useful Expressions

Ⅰ 文中の下線の引いてある語句に最も近い意味を持つ語句を、下の選択肢から選んで空欄にその記号を記入しましょう。

❶ Suppose you were a superhero, what would you do? (　　　)

❷ I am willing to help you if you are in trouble. (　　　)

❸ We should sometimes be suspicious of what the media says. (　　　)

❹ Many critics reviewed the movie. (　　　)

❺ Unfortunately, I had no other option. (　　　)

a. am ready to　　b. commented on　　c. Imagine　　d. choice　　e. doubtful

Ⅱ 下の選択肢から空欄に当てはまるものを選び、日本語と同じ意味になるように、必要に応じて形を変えて記入しましょう。

❶ このコートは2色のご用意があります。1つは濃紺で、もう1つはベージュです。
We offer this coat in two colors. (　　　　　　) is navy and
(　　　　　) (　　　　　　) is beige.

❷ その公園は、花見を楽しむ人々でいっぱいだった。
The park (　　　　　) (　　　　　) (　　　　　) people who
enjoy looking at cherry blossoms.

❸ もし宝くじで1等が当たったらどうしますか。
(　　　　　) (　　　　　) you won first prize in the lottery?

❹ ザルツブルグはモーツァルトが生まれた所だ。
Salzburg is (　　　　　) Mozart was born.

one the other　　　　where　　　　what if　　　　be packed with

次の英文を読んで、以下の問いに答えなさい。

1　　**Suppose** you're planning to get some pizza, and there are two new pizzerias* side by side on the street. One is packed with customers and the other is almost empty. Both offer almost the same items on the menu, and have similar prices. Would you **be**
5　**willing to** go to the less-crowded one or would you be **suspicious** of it? What if you read that the less-popular pizzeria had been ranked highly by a well-known restaurant **reviewing** website? Do you go where the people are, or follow
10　what you know? What guides the decision-making process when you have two or more **options**?

* pizzeria：ピザ専門店

英文の内容に合うものには○、合わないものには×を書きましょう。

❶ [　　　] The two pizzerias in the text are in the same neighborhood.

❷ [　　　] The two pizzerias in the text have completely different items on the menu.

❸ [　　　] In the last sentence, the writer asks the reader how people make decisions when they have two or more choices.

Round ③ Oral Reading

以下のステップに従い、英文が頭に入ったと思うまで音読しましょう。

❶ Track 13 を通して聞き、大まかな内容や英語の流れを把握する。(1〜2回)
❷ Track 14 を聞き、右ページの「発音のポイント」を確認し、リピートする。(1〜2回)
❸ Track 15 でフレーズごとに区切られた英語を聞き、対応する日本語を確認する。(1〜2回)
❹ Track 15 でフレーズごとに区切られた英語を聞き、その後英語をリピートする。(2〜3回)
❺ Track 16 で日本語を聞き、対応する英語をテキストを見ながら音読する。(2〜3回)
❻ Track 16 で日本語を聞き、対応する英語をテキストを見ずに音読する。(3〜5回)

Suppose you're planning to get some pizza, /

and there are two new pizzerias /

side by side on the street. //

One is packed with customers /

and the other is almost empty. //

Both offer almost the same items on the menu, /

and have similar prices. //

Would you be willing to go to the less-crowded one /

or would you be suspicious of it? //

What if you read /

that the less-popular pizzeria had been ranked highly /

by a well-known restaurant reviewing website? //

Do you go where the people are, /

or follow what you [1] know? //

What guides the decision-making process /

when you [2] have two or more options? //

発音のポイント Let's Repeat!

1 what you ─────────→ 「ワッチュー」

語尾の[t]の音と、語頭に来る[j]の音がくっつき、[tʃ]という音になる。カタカナで書くと「チュ」のように聞こえる。

2 when you ─────────→ 「ウェニュー」

語尾の[n]の音と語頭の[j]の音はくっつき、1つの音のように聞こえる。「ウェン・ユー」とならないように注意しよう。

あなたがピザを食べようとしているとしよう /

そして2軒の新しいピザ専門店がある /

路上に隣り合って。//

1軒は客でいっぱいだ /

そしてもう1軒にはほとんど誰もいない。//

両方ともほぼ同じ品目をメニューで提供しており /

そして似たような値段である。//

あなたはすいている方に行くことをいとわないだろうか /

それともあなたはそれを警戒するだろうか。//

もしあなたが読んだとしたらどうだろうか /

その人気のない方のピザ専門店が高く評価されていたことを /

有名なレストラン評価サイトで。//

あなたは人がいる所に行くだろうか /

それとも知っていることに従うだろうか。//

何が意思決定の過程を導くのだろうか /

2つまたはより多くの選択肢があるときに。//

Round **4** Review Exercises

Track 13

Ⅰ 音声を聞き、内容を思い出しながら、以下の2種類の音読をしましょう。

❶ 英文を見ながら Track 13 の音声にぴったりかぶせるように音読する。(2～3回)

❷ 英文を見ずに Track 13 の音声を2、3語遅れて追いかけるように音読する。(3～5回)

Ⅱ ディクテーションしてみましょう。繰り返し音声を聞いても構いません。

❶ _____ some pizza,

and there are two new pizzerias side by side on the street. One is

packed with customers ❷ _____

_____ . Both offer almost the same items on the menu, and

have similar prices. Would you ❸ _____

_____ or would you be suspicious of it?

❹ _____ the less-popular pizzeria

❺ _____ by a well-known restaurant

reviewing website? Do you go where the people are, or follow what

you know? ❻ _____

_____ you have two or more options?

Ⅲ 以下の英文には間違いが含まれています。見つけて訂正しましょう。
（間違いのない文もあります。また、1文に2つ以上間違いがある場合もあります。）

❶ Suppose you're planning getting some pizza, and there are two new pizzerias side by side on the street. ❷ One is packed of customers and other is almost empty. ❸ Both offer almost same items on the menu, and have similar prices. ❹ Would you be willing go to the less-crowded one or would you be suspicious of it? ❺ What if you read that less-popular pizzeria had been ranked highly by a well-known restaurant reviewing website? ❻ Do you go which the people are, or follow what you know? ❼ What guides the decision-making process when you have two or more option?

Ⅳ 日本語と同じ意味になるように、下線部に当てはまる英語を書きましょう。

❶ 私の娘のうち1人は東京に、もう1人は札幌に住んでいる。（娘が2人の場合）
_____ lives in Tokyo and _____
lives in Sapporo.

❷ その店は外国人の観光客でいっぱいだった。
The shop _____.

❸ もし明日雨が降ったら？ ── 試合は中止になります。
_____ tomorrow? ── The game will be canceled.

❹ ここは、私が夫に初めて出会った場所だ。
This is _____ for the first time.

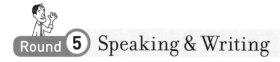

Round ⑤ Speaking & Writing

Ⅰ日本語を参考に、下線部を埋めながら音読しましょう。

あなたがピザを食べようとしているとしよう。路上には2軒の新しいピザ専門店が隣り合っている。

Suppose _____, and there are _____.

1軒は客でいっぱいだが、もう1軒にはほとんど誰もいない。

One _____ and the other _____.

両方ともほぼ同じ品目がメニューにあり、似たような値段である。

Both _____, and _____.

あなたはすいている方に行くことをいとわないだろうか、それとも警戒するだろうか。

Would you _____ or would you _____?

もしあなたが、その人気のない方のピザ専門店が、有名なレストラン評価サイトで高く評価されていたのを読んだとしたらどうだろうか。

What if _____ that _____ by _____?

あなたは人がいる所に行くだろうか、それとも知っていることに従うだろうか。

Do you _____, or _____?

2つ以上の選択肢があるときに、何が意思決定の過程を導くのだろうか。

What guides _____ when _____?

Ⅱ このUnitの英文に関する質問に英語で答えましょう。

❶ How are the two new pizzerias in the text different?

---

❷ What does the writer say about the menu and price of the two pizzerias?

Ⅲ 以下のステップに従い、英語1文で要旨をまとめましょう。

❶ 要旨を探す Round 2の英文をもう1度読み、要旨となる部分（筆者の最も言いたいこと）を探し、下線を引く。下線を引いた箇所を中心に重要な語句を探し四角で囲む。

❷ 要旨をまとめる 下線を引いた箇所や、四角で囲んだ語句を使って、英語1文で要旨をまとめる。

❸ 確認する 自然な文になっているか、筆者の言いたいことが伝わるかどうか確認する。

HINT この段落では、筆者の言いたいことは1文に凝縮されているので、その文を探せばそれがそのまま要旨になる。

Unit 5　周囲の人々の行動が与える影響

Round ① Vocabulary & Useful Expressions

Ⅰ 文中の下線の引いてある語句に最も近い意味を持つ語句を、下の選択肢から選んで空欄にその記号を記入しましょう。

❶ Many scientists argue that the progress of global warming has been enormously fast since the 20th century.（　　　）

❷ The nurse adopted a caring attitude to her patients.（　　　）

❸ Masaru's behavior always surprises us.（　　　）

❹ I think your daughter's personality parallels yours.（　　　）

❺ I saw a herd of mountain goats in the Canadian Rockies.（　　　）

❻ Nothing is more destructive than war.（　　　）

❼ When you live in a foreign country, you should respect their cultural norms.（　　　）

> a. damaging　b. very　c. way of acting　d. had　e. group　f. is similar to
> g. rules

Ⅱ 下の選択肢から空欄に当てはまるものを選び、日本語と同じ意味になるように、必要に応じて形を変えて記入しましょう。

❶ 日本の女性の平均寿命は、男性よりも長い。

The life expectancy of Japanese women is longer than（　　　　　　）
（　　　　　　　） Japanese men.

❷ 校門の前に立っている男の子は、キャシーのボーイフレンドだ。

The boy（　　　　　　　） in front of the school gate is Cathy's boyfriend.

❸ 怒りによって、彼の血圧は上がった。

Anger（　　　　　　） his blood pressure（　　　　　　）
（　　　　　　）.

> stand　　　　　cause rise　　　　　that of

次の英文を読んで、以下の問いに答えなさい。

The process of decision making is **enormously** complex, and affected by many factors. Social psychologists argue that in some situations, a group of individuals **adopts behavior paralleling** that of the people surrounding them. This is called "**herd** behavior,"
5　and it can even cause people's behavior to differ radically* from socially-accepted patterns. Sports hooliganism** could be regarded as one such example. Most sports fans on their own are not violent or **destructive**, but when victory or defeat brings fans together, their heightened emotion

10　creates a sense of unity. The crowd becomes its own isolated society, and when one person begins to behave violently, the group adjusts its behavior to match this new **norm**.

* radically：根本的に

**hooliganism：フーリガン行為

英文の内容に合うものには○、合わないものには×を書きましょう。

❶ [　　] Social psychologists argue that individuals in a group sometimes behave similarly to the people surrounding them.

❷ [　　] " Herd behavior " can sometimes move away from socially-accepted patterns.

❸ [　　] Most sports fans are violent when they are alone.

 Track 17-20

Round ③ Oral Reading

以下のステップに従い、英文が頭に入ったと思うまで音読しましょう。

❶ Track 17 を通して聞き、大まかな内容や英語の流れを把握する。(1～2回)
❷ Track 18 を聞き、右ページの「発音のポイント」を確認し、リピートする。(1～2回)
❸ Track 19 でフレーズごとに区切られた英語を聞き、対応する日本語を確認する。(1～2回)
❹ Track 19 でフレーズごとに区切られた英語を聞き、その後英語をリピートする。(2～3回)
❺ Track 20 で日本語を聞き、対応する英語をテキストを見ながら音読する。(2～3回)
❻ Track 20 で日本語を聞き、対応する英語をテキストを見ずに音読する。(3～5回)

The process of decision[1] making is enormously complex, /

and affected by many factors. //

Social psychologists argue /

that in some situations, /

a group of individuals adopts behavior[2] /

paralleling that of the people surrounding them. //

This is called "herd behavior," /

and it can even cause people's behavior /

to differ radically from socially accepted patterns. //

Sports hooliganism could be regarded as one such example. //

Most sports fans /

on their own /

are not violent or destructive, /

but when victory or defeat brings fans together, /

their heightened emotion creates a sense of unity. //

The crowd becomes its own isolated society, /

and when one person begins to behave violently, /

the group adjusts its behavior /

to match this new norm. //

1 decision ⟶「ディスィジョン」

「スィ」の音は日本語にないので、「シ」となってしまう人も多い。注意して発音しよう。

2 behavior ⟶「ビヘイヴィアー」

Unit 3でも学習したように、bは破裂音、vは摩擦音であり、全く違う音だ。何度も練習して、意識しないでも2つの音が正確に発音できるようにしよう。

意思決定の過程は非常に複雑だ /

そして多くの要因の影響を受ける。//

社会心理学者たちは主張する /

場合によっては /

個人個人の集まりは行動を取る /

彼らを取り巻く人々の行動に似た。//

これは「群衆行動」と呼ばれている /

そしてそれは人々の行動を導くことさえある /

社会的に容認されている様式から根本的に異なるように。//

スポーツのフーリガン行為はそのような例の1つとみなされ得る。//

ほとんどのスポーツファンは /

1人では /

暴力的あるいは破壊的ではない /

しかし勝利や敗北がファンを結びつけると /

彼らの高まった感情が一体感を作り出す。//

群衆はそれ自体が孤立した社会になる /

そして1人が暴力的に振る舞い始めるとき /

その集団は行動を変化させるのだ /

この新しい規範に合うように。//

Round **4** Review Exercises

Track 17

Ⅰ 音声を聞き、内容を思い出しながら、以下の 2 種類の音読をしましょう。

❶ 英文を見ながら Track 17 の音声にぴったりかぶせるように音読する。(2 ～ 3 回)

❷ 英文を見ずに Track 17 の音声を 2、3 語遅れて追いかけるように音読する。(3 ～ 5 回)

Ⅱ ディクテーションしてみましょう。繰り返し音声を聞いても構いません。

❶ _____ is enormously

complex, and affected by many factors. Social psychologists argue

that in some situations, a group of individuals **❷** _____

_____

_____ . This is called "herd behavior," and it can even

❸ _____

socially-accepted patterns. Sports hooliganism could be regarded

as one such example. **❹** _____

_____ or destructive, but **❺** _____

_____ , their heightened

emotion creates a sense of unity. The crowd becomes its own

isolated society, and when one person begins to behave violently,

❻ _____

_____ .

Ⅲ 以下の英文には間違いが含まれています。見つけて訂正しましょう。
（間違いのない文もあります。また、１文に２つ以上間違いがある場合もあります。）

❶ The process of decision making is enormously complex, and affected by many factors. ❷ Social psychologists argue that in any situations, a group of individuals adopts behavior paralleling those of the people surrounding them. ❸ This is called "herd behavior," and it can even cause people's behavior differ radically of socially-accepted patterns. ❹ Sports hooliganism could be regarded as one such example. ❺ Most sports fans on them own are not violent or destructive, but when victory or defeat brings fans together, their heightened emotion creates a sense of unite. ❻ The crowd becomes its own isolated society, and when one person begins to behave violence, the group adjusts its behavior to match this new norm.

Ⅳ 日本語と同じ意味になるように、下線部に当てはまる英語を書きましょう。

❶ ノルウェーは日本とほぼ同じ大きさだが、人口は日本よりずっと少ない。
Norway is almost the same size as Japan, but its population is much smaller than _____.

❷ そのバスは、帰宅する学生で混雑していた。
The bus was crowded with _____.

❸ 地球温暖化が原因で、極地の氷 (the polar ice) が解けてきている。
Global warming has _____.

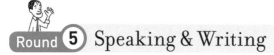

I 日本語を参考に、下線部を埋めながら音読しましょう。

意思決定の過程は非常に複雑で、多くの要因の影響を受ける。

The process _____ is _____, and _____.

社会心理学者たちは、時に、個人が集まると、その個人を取り巻く人々と似た行動を取ると主張する。

Social psychologists _____ that _____, a group _____

paralleling _____.

これは「群衆行動」と呼ばれており、それにより、人々の行動は社会的に容認された様式と根本的に違ってしまうことさえある。

This is _____, and _____ to differ _____.

スポーツのフーリガン行為はそのような例の１つとみなされ得る。

Sports hooliganism _____.

ほとんどのスポーツファンは、１人では暴力的であったり破壊的であったりすることはないが、勝利や敗北がファンを結びつけると、高まった感情により一体感が作り出される。

Most sports fans _____, but when _____, their

heightened emotion _____.

群衆はそれ自体が孤立した社会となり、１人が暴力的に振る舞い始めると、集団はこの新しい規範に合うように行動を変えるのだ。

The crowd _____, and when _____, the group _____

to _____.

II このUnitの英文に関する質問に英語で答えましょう。

❶ What kind of example is sports hooliganism mentioned as in the text?

_____

_____

❷ When is a sense of unity created among sports fans?

_____

_____

III 以下のステップに従い、英語1文で要旨をまとめましょう。

❶ 要旨を探す　Round 2 の英文をもう1度読み、要旨となる部分（筆者の最も言いたいこと）を探し、下線を引く。下線を引いた箇所を中心に重要な語句を探し四角で囲む。

❷ 要旨をまとめる　下線を引いた箇所や、四角で囲んだ語句を使って、英語1文で要旨をまとめる。

❸ 確認する　自然な文になっているか、筆者の言いたいことが伝わるかどうか確認する。

HINT この段落では、筆者の言いたいこととそれを補足するために具体例を示す部分が明確に分かれている。まず言いたいこと全体に下線を引いた後、その中から特に重要な箇所を拾い出し、コンパクトな英文にまとめよう。

_____

_____

_____

_____

_____

Unit **6**　メディアが与える影響と危険性

Round **1** Vocabulary & Useful Expressions

Ⅰ 文中の下線の引いてある語句に最も近い意味を持つ語句を、下の選択肢から選んで空欄にその記号を記入しましょう。

❶ Leaders should act with authority. (　　　)

❷ Genghis Khan is an important figure in Mongolian history. (　　　)

❸ In some Middle-Eastern countries, use of the internet spurred political changes. (　　　)

❹ In 1912, the R.M.S. Titanic was heading to New York. (　　　)

❺ I assumed that Owen was an American, but he is Canadian. (　　　)

a. thought	b. person	c. power	d. going	e. pushed forward

Ⅱ 下の選択肢から空欄に当てはまるものを選び、日本語と同じ意味になるように、必要に応じて形を変えて記入しましょう。

❶ 英語は国際的なコミュニケーションにおいて重要な役割を果たす。

English (　　　　　　) (　　　　　　　　) important (　　　　　　　)
(　　　　　　　　　) international communication.

❷ その軽減税率はどのエコカーにも適用される。

The reduced tax rates (　　　　　　) (　　　　　　　) any eco-friendly car.

❸ 私のクラスメートは誰も夏期講習に参加しなかった。

(　　　　　　) (　　　　　　　) my classmates attended the summer session.

apply to	none of	play a role in

Round ② Silent Reading

次の英文を読んで、以下の問いに答えなさい。

1   The media can also play a powerful role in decision making by acting as a kind of **authority figure**. This not only applies to official information sources such as the news, but even to television shows or magazines featuring* a new health food or

5 product, **spurring** a sudden rush of people **heading** to the stores to buy it. Increasingly, this kind of information can spread with surprising speed thanks to social networking services** and blogs. None of these sources are free of bias***, but people often **assume** that the loudest opinion is also

10 the most common one, and base their decisions on that. Is the busy pizzeria really the best choice? It might be. But then again, it might just be the most common one.

*   feature：〜を大々的に扱う、特集する
** social networking service：インターネットを介して、人と人とのつながりを促進するサービスの総称。
***bias：偏り

英文の内容に合うものには○、合わないものには×を書きましょう。

❶ [   ] Television shows and magazines can affect our decision-making process.

❷ [   ] Social networking services and blogs help information to spread very quickly.

❸ [   ] People do not usually make decisions based on the loudest opinion.

Round ③ Oral Reading

以下のステップに従い、英文が頭に入ったと思うまで音読しましょう。

❶ Track 21 を通して聞き、大まかな内容や英語の流れを把握する。(1〜2回)
❷ Track 22 を聞き、右ページの「発音のポイント」を確認し、リピートする。(1〜2回)
❸ Track 23 でフレーズごとに区切られた英語を聞き、対応する日本語を確認する。(1〜2回)
❹ Track 23 でフレーズごとに区切られた英語を聞き、その後英語をリピートする。(2〜3回)
❺ Track 24 で日本語を聞き、対応する英語をテキストを見ながら音読する。(2〜3回)
❻ Track 24 で日本語を聞き、対応する英語をテキストを見ずに音読する。(3〜5回)

The media can also play a powerful role /

in decision making /

by acting as a kind of authority figure. //

This not only applies to official information sources /

such as the news, /

but even to television shows or magazines /

featuring a new health food or product, /

spurring a sudden rush /

of people heading to the stores to buy it. //

Increasingly, /

this kind of information can spread /

with surprising speed /

thanks to social networking services and blogs. //

None of these [1] sources are free of bias, /

but people often assume /

that the loudest opinion is also the most common one, /

and base their decisions on that. //

Is the busy pizzeria really the best choice? //

It might be. //

But then again [2], /

it might just be the most common one. /

056

発音のポイント Let's Repeat!

1 None of these ──────→ 「ナナ V ðィー Z」
noneの語尾とofの語頭がくっつき、「ナナ V」のように
発音される。

2 then again ──────→ 「ðェナゲン」
1と同様に、thenの語尾とagainの語頭がくっつき、
1つの単語のように発音される。

メディアもまた強力な役割を果たすことがある /

意思決定において /

権力者のような働きをすることによって。//

これは公的な情報源だけに当てはまるのではない /

ニュースのような /

テレビ番組や雑誌にさえも言えるのだ /

新しい健康食品や製品を特集し /

突然の殺到を引き起こす /

それを買うために店に向かう人々の。//

いよいよ /

こうした情報は広がるようになってきている /

驚くべき速さで /

ソーシャルネットワーキングサービスとブログのおかげで。//

これらの情報源はいずれも偏りがないとは言えない /

しかし人々はしばしば思い込む /

最も目立つ意見が最も一般的なものでもあると /

そしてそれをもとに決断を下すのだ。//

混んでいるピザ専門店は本当に最も良い選択なのだろうか。//

そうかもしれない。//

しかしまた一方で /

それは最も一般的なものであるにすぎないかもしれないのだ。//

Round ④ Review Exercises

Ⅰ 音声を聞き、内容を思い出しながら、以下の2種類の音読をしましょう。

❶ 英文を見ながら **Track 21** の音声にぴったりかぶせるように音読する。(2〜3回)

❷ 英文を見ずに **Track 21** の音声を2、3語遅れて追いかけるように音読する。(3〜5回)

Ⅱ ディクテーションしてみましょう。繰り返し音声を聞いても構いません。

The media ❶ _____

_____ by acting as a kind of authority figure. This

❷ _____

_____, but even to television shows

or magazines featuring a new health food or product, spurring a

sudden rush ❸ _____

_____. Increasingly, this kind of information ❹ _____

_____ social

networking services and blogs. ❺ _____

_____, but people often assume that the

loudest opinion is also the most common one, ❻ _____

_____. Is the busy pizzeria really

the best choice? It might be. But then again, it might just be the

most common one.

Ⅲ 以下の英文には間違いが含まれています。見つけて訂正しましょう。
（間違いのない文もあります。また、1文に2つ以上間違いがある場合もあります。）

❶ The media can also make a powerful role in decision making by acting as a kind of authority figure. ❷ This only applies to official information sources such as the news, but even to television shows or magazines featuring a new health food or product, spurring a sudden rush of people head to the stores to buy it. ❸ Increasingly, this kind of information can spread with surprising speed thanks on social networking services and blogs. ❹ Not of these sources are free of bias, but people often assumes that the loudest opinion is also the most common one, and base their decisions on those. ❺ Is the busy pizzeria really best choice? ❻ It might be. ❼ But then again, it might just be the most common one.

Ⅳ 日本語と同じ意味になるように、下線部に当てはまる英語を書きましょう。

❶ 2011年まで、スペースシャトルは宇宙開発において重要な役割を果たしてきた。
The space shuttle _____
in space development until 2011.

❷ 12歳未満の子どもには航空運賃の50パーセント割引が適用される。
The 50-percent discount on airfare _____
_____.

❸ これらのコンピューターはどれも使えない。
_____ are working.

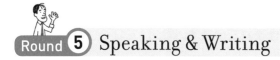

Round 5 Speaking & Writing

I 日本語を参考に、下線部を埋めながら音読しましょう。

メディアもまた権力者のような働きをすることによって、意思決定において強力な役割を果たすことがある。

The media _____ by _____ .

これはニュースのような公的な情報源にのみ当てはまるのではなく、新しい健康食品や製品を特集し、人々が突然それを買いに店に押し寄せるように仕向けるテレビ番組や雑誌にさえも言えるのである。

This not only _____ such as _____ , but _____

featuring _____ , spurring _____ .

ソーシャルネットワーキングサービスやブログのおかげで、いよいよこうした情報は驚くべき速さで広がるようになってきている。

Increasingly, _____ thanks to _____ .

これらの情報源はいずれも偏りがないとは言えないが、人はしばしば最も目立つ意見がまた最も一般的なものであると思い込み、それに基づいて決断を下す。

None of _____ , but people _____ that _____ ,

and _____ .

混んでいるピザ専門店は本当に最も良い選択なのだろうか。

Is _____ ?

そうかもしれない。しかしまた一方で、それは最も一般的なものであるにすぎないかもしれないのだ。

It _____ . But _____ , it _____ .

Ⅱ このUnitの英文に関する質問に英語で答えましょう。

❶ What causes a sudden rush of people heading to the stores to buy a new health food or product?

_____

_____

_____

❷ Other than news, television shows and magazines, what contributes to the rapid spread of information?

_____

Ⅲ 以下のステップに従い、英語1文で要旨をまとめましょう。

❶ 要旨を探す　Round 2の英文をもう1度読み、要旨となる部分（筆者の最も言いたいこと）を探し、下線を引く。下線を引いた箇所を中心に重要な語句を探し四角で囲む。

❷ 要旨をまとめる　下線を引いた箇所や、四角で囲んだ語句を使って、英語1文で要旨をまとめる。

❸ 確認する　自然な文になっているか、筆者の言いたいことが伝わるかどうか確認する。

HINT　トピックセンテンスが非常に分かりやすい段落。例を省き、筆者の言いたいもう1つのメッセージを補足して、要旨をまとめる。

_____

_____

_____

_____

_____

Part 2 Final Exercise

以下のテーマについて 100 〜 150 語程度の英語で書いてみましょう。

あなたが Part 2 のように混んでいるピザ専門店とすいている店のうち 1 軒を選ぶ場合、どのように判断しますか。その意思決定の過程を明確にしなさい。本文中の重要表現も参考にして書きなさい。

シグモイド曲線の応用範囲

How Do Sigmoid Curves
Relate to Our Lives?

普段勉強するとき、学んだ内容がわれわれの生活にどのように関係するのか、考えたことはあるだろうか。学習を日常と切り離して考えてしまうと、無味乾燥で面白みのないものになってしまう。しかし、特に数学や理科な

ど理系の学問には、われわれの日常を理解し、謎を解き、より良いものにするためのヒントが数多く隠されているのだ。Part 3 で学習する「シグモイド曲線」もその1つ。数字や関数の奥深さ、面白さに触れてみよう。

Part 3 では、大学生向けに、理系の英語を学ぶテキストを執筆している佐藤洋一先生が、高校生のために書いてくれた英文を読んでみよう。きっと新しい発見があるはずだ。

Unit **7**　シグモイド曲線とは何か

Round **1** Vocabulary & Useful Expressions

Ⅰ 文中の下線の引いてある語句に最も近い意味を持つ語句を、下の選択肢から選んで空欄にその記号を記入しましょう。

❶ This actor <u>frequently</u> appears on TV, but I still cannot remember his name. (　　　)

❷ In <u>ancient</u> Greece, Athens and Sparta were the most powerful city-states. (　　　)

❸ The music of Mozart still <u>fascinates</u> us today. (　　　)

❹ I need to take <u>medication</u> to lower my blood pressure. (　　　)

❺ You can be fined if you <u>exceed</u> the speed limit. (　　　)

❻ When you turn 20, you will get both the rights and <u>corresponding</u> duties of an adult. (　　　)

a. drugs	b. matching	c. are over	d. old	e. interests	f. often

Ⅱ 下の選択肢から空欄に当てはまるものを選び、日本語と同じ意味になるように、必要に応じて形を変えて記入しましょう。

❶ この宿題は月曜日までに終えなければならない。

This homework (　　　　　) (　　　　　) (　　　　　) by Monday.

❷ 私の弟は、自転車に乗るときもはや補助輪を必要としない。

My brother (　　　　　) (　　　　　) needs training wheels when he rides a bicycle.

❸ yの値はxの値に比例して変わる。

The amount of y varies (　　　　　) (　　　　　) (　　　　　) that of x.

in proportion to	must do	no longer

次の英文を読んで、以下の問いに答えなさい。

1 　　Figure 1 shows a sigmoid curve. "Sigmoid" means resembling[*] the lower-case Greek letter sigma (ς) or the Latin letter S. The sigmoid curve appears **frequently** in the natural world and is also called an S-shaped curve. It can be seen in
5 **ancient** decorative art, Greek vases and the Yin and Yang symbol[**]. The shape has **fascinated** artists, scholars and craftsmen for thousands of years.

　　One example of a sigmoid curve is a dose-response curve. The dose-response curve shows the effectiveness of **medication**.
10 If the dosage amount[***] is very low, a drug's effect is limited. If the dosage amount **exceeds** a certain amount, its **corresponding** effect will appear. If the dosage amount is too much, the
15 effect no longer increases in proportion to the dosage.

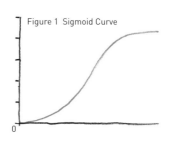

Figure 1　Sigmoid Curve

* 　resemble：〜に似ている
** 　Yin and Yang symbol：太極図
***dosage amount：投薬量

英文の内容に合うものには○、合わないものには×を書きましょう。

❶ [　　　] A sigmoid curve is called a V-shaped curve.

❷ [　　　] A sigmoid curve can be found both in ancient decorative art and in Greek vases.

❸ [　　　] A dose-response curve shows that the corresponding effect of a drug will always appear in proportion to the dosage.

Round 3 Oral Reading

Track 25-28

以下のステップに従い、英文が頭に入ったと思うまで音読しましょう。

❶ Track 25 を通して聞き、大まかな内容や英語の流れを把握する。(1～2回)
❷ Track 26 を聞き、右ページの「発音のポイント」を確認し、リピートする。(1～2回)
❸ Track 27 でフレーズごとに区切られた英語を聞き、対応する日本語を確認する。(1～2回)
❹ Track 27 でフレーズごとに区切られた英語を聞き、その後英語をリピートする。(2～3回)
❺ Track 28 で日本語を聞き、対応する英語をテキストを見ながら音読する。(2～3回)
❻ Track 28 で日本語を聞き、対応する英語をテキストを見ずに音読する。(3～5回)

Figure 1 shows a sigmoid curve. //
"Sigmoid" means /
resembling the lower-case Greek letter [1] sigma (ς) /
or the Latin letter S. //
The sigmoid curve appears frequently in the natural world /
and is also called an S-shaped curve. //
It can be seen [2] /
in ancient decorative art, Greek vases and the Yin and Yang symbol. //
The shape has fascinated artists, scholars and craftsmen /
for thousands of years. //
One example of a sigmoid curve /
is a dose-response curve. //
The dose-response curve shows the effectiveness of medication. //
If the dosage amount is very low, /
a drug's effect is limited. //
If the dosage amount exceeds a certain amount, /
its corresponding effect will appear. //
If the dosage amount is too much, /
the effect no longer increases /
in proportion to the dosage. //

発音のポイント　Let's Repeat!

1 letter ────────→ 「レラ」

lの音は、舌先を上の歯茎の裏側にしっかりと当てて発音する。日本語の「レ」とは発音の仕方が違うので注意しよう。また、tの音は、母音に挟まれた場合などははっきり発音されず、ラ行の音または[d]のように聞こえることがある。

2 It can be seen ────────→ 「イTクンビィスィーン」

肯定形のcanは、特に文脈上強調されない限り、ここでのように、「クン」程度に弱く読まれることが多い。聞き逃さないように注意しよう。

図1はシグモイド曲線を示している。//

「シグモイド」は意味する /

ギリシア文字シグマの小文字（ς）に似ていることを /

あるいはラテン語の文字のSに。//

シグモイド曲線は、自然界にたびたび出現し /

そしてまたS字曲線とも呼ばれている。//

それは見られる /

古代の装飾芸術、ギリシャの花瓶、そして太極図に。//

その形状は、芸術家、学者、そして工芸家たちを魅了してきた /

何千年もの間。//

シグモイド曲線の1つの例は /

用量反応曲線である。//

用量反応曲線とは、投薬による効果を示すものである。//

投薬量が非常に少ないと /

薬の効果は限られる。//

投薬量がある一定量を超えると /

それに応じた効果があらわれる。//

投薬量があまりに多いと /

その効果はそれ以上上がらない /

投薬に比例して。//

Round **4** Review Exercises

I 音声を聞き、内容を思い出しながら、以下の 2 種類の音読をしましょう。

❶ 英文を見ながら Track 25 の音声にぴったりかぶせるように音読する。(2～3回)

❷ 英文を見ずに Track 25 の音声を 2、3 語遅れて追いかけるように音読する。(3～5回)

II ディクテーションしてみましょう。繰り返し音声を聞いても構いません。

Figure 1 shows a sigmoid curve. "Sigmoid" means resembling the lower-case Greek letter sigma (ς) or the Latin letter S. The sigmoid curve ❶ _____

_____ an S-shaped curve. It ❷ _____

_____, Greek

vases and the Yin and Yang symbol. The shape ❸ _____

_____

for thousands of years.

One example of a sigmoid curve is a dose-response curve.

The dose-response curve ❹ _____

_____. If the dosage amount is very low, a drug's effect

is limited. ❺ _____

_____, its corresponding effect will appear.

If the dosage amount is too much, ❻ _____

_____.

Ⅲ 以下の英文には間違いが含まれています。見つけて訂正しましょう。
（間違いのない文もあります。また、1文に2つ以上間違いがある場合もあります。）

❶ Figure 1 shows a sigmoid curve. ❷ "Sigmoid" means resembling the lower-case Greek letter sigma (ς) or the Latin letter S. ❸ The sigmoid curve appears frequent in the natural world and is also called a S-shaped curve. ❹ It can be seen in ancient decorative art, Greece vases and the Yin and Yang symbol. ❺ The shape has fascinated artists, scholars and craftsmen for thousand of years.

❻ One example of a sigmoid curve is a dose-response curve. ❼ The dose-response curve shows the effectiveness of medication. ❽ If the dosage amount is very law, a drug's effect is limited. ❾ If the dosage amount exceeds at a certain amount, its corresponding effect will appear. ❿ If the dosage amount is too much, the effect no longer increase in proportion of the dosage.

Ⅳ 日本語と同じ意味になるように、下線部に当てはまる英語を書きましょう。

❶ その本は来月出版されるだろう。
The book _____.

❷ 太ってしまったので、もはやこのスカートをはくことができない。
I can _____ because I gained weight.

❸ 給料に応じてボーナスがもらえる。
You will get a bonus _____.

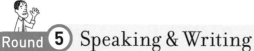

Round 5 Speaking & Writing

I 日本語を参考に、下線部を埋めながら音読しましょう。

図1はシグモイド曲線を示している。

Figure 1 _____.

「シグモイド」とは、ギリシア文字シグマの小文字（ς）、あるいはラテン語の文字のSに似ていることを意味する。

"Sigmoid" means _____ or _____.

シグモイド曲線は、自然界にたびたび出現し、S字曲線とも呼ばれる。

The sigmoid curve _____ and is also called _____.

それは古代の装飾芸術、ギリシャの花瓶、太極図に見られる。

It can be seen _____.

その形状は、何千年にもわたって、芸術家、学者、工芸家たちを魅了してきた。

The shape _____ for _____.

シグモイド曲線の1つの例は、用量反応曲線である。用量反応曲線とは、投薬による効果を示すものである。

One example _____ is _____.

The dose-response curve shows _____.

投薬量が非常に少ない段階では、薬の効果は限られる。

If the dosage amount is _____, _____.

投薬量がある一定量を超えると、応じた効果があらわれる。

If _____, its corresponding effect _____.

投薬量があまりに多いと、その効果はそれ以上、投薬に比例して上がらなくなるのである。

If _____, the effect _____.

Ⅱ このUnitの英文に関する質問に英語で答えましょう。

❶ What does " Sigmoid " mean?

_____

_____

❷ What does a dose-response curve show?

_____

Ⅲ 以下のステップに従い、日本語1文で要旨をまとめましょう。
 （ここでは、Figure 1から始まる段落の要旨を書きます）

❶ 要旨を探す Round 2の英文をもう1度読み、要旨となる部分（筆者の最も言いたいこと）を探し、
 下線を引く。下線を引いた箇所を中心に重要な語句を探し四角で囲む。

❷ 要旨をまとめる 下線を引いた箇所や、四角で囲んだ語句を参考にしながら、以下の日本語の要旨の
 空欄を埋める。

❸ 確認する 日本語としておかしくないか、筆者の言いたいことが伝わるかどうか確認する。

シグモイド曲線は、自然界に（　　　　　　　　　　　　）形状であり、

（　　　　　　　　）もの間、さまざまな人々を（　　　　　　　　）。

Unit **8**　ライフサイクルを表すシグモイド曲線

Round **1** Vocabulary & Useful Expressions

Ⅰ 文中の下線の引いてある語句に最も近い意味を持つ語句を、下の選択肢から選んで空欄にその記号を記入しましょう。

❶ The widespread <u>application</u> of robot technology is expected. (　　　)

❷ If you <u>combine</u> two atoms of hydrogen with one of oxygen, you will get water. (　　　)

❸ Humans need a large amount of care during their <u>infancy</u>. (　　　)

❹ Giant pandas reach <u>maturity</u> at the age of four to six. (　　　)

❺ The complex emotion of the artist is <u>depicted</u> in this picture. (　　　)

❻ Everyone wants to have <u>eternal</u> youth. (　　　)

❼ The NPO <u>intensified</u> support for developing countries. (　　　)

a. adulthood　b. endless　c. use　d. shown　e. increased　f. link　g. early childhood

Ⅱ 下の選択肢から空欄に当てはまるものを選び、日本語と同じ意味になるように、必要に応じて形を変えて記入しましょう。

❶ その作品は高校生の水準を超えていた。

That work was (　　　　　) the level of a high school student.

❷ この写真に見られるように、月には無数のクレーターがある。

(　　　　　) (　　　　　) in this picture, there are numerous craters on the moon.

❸ コンピューターのトラブルのせいで、すべてのデータを失った。

I lost all the data (　　　　　) (　　　　　) the computer problem.

due to　　　　　beyond　　　　　as see

次の英文を読んで、以下の問いに答えなさい。

The **application** of a sigmoid curve goes beyond art and science. As shown in Figure 2, two symmetric* sigmoid curves can be **combined** to represent the cycle of life: **infancy**, **maturity** and old age. This pattern suggests the life cycle of birth, growth, maturity, aging and death.

The sigmoid curve also relates to love, human relationships, or the life cycle of a product or company. For example, the life cycle of a product **depicts** a curve similar to the one in Figure 2 over time. Just after the product is brought to the market, its sales increase slowly due to the amount of time it takes to build recognition. After a certain amount of time has passed, the sales increase begins but is not **eternal**. The sales will decrease at some future time due to **intensifying** competition and so on.

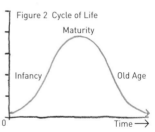

Figure 2 Cycle of Life

Maturity

Infancy

Old Age

0　　　　　　　Time →

* symmetric：左右対称の

英文の内容に合うものには○、合わないものには×を書きましょう。

❶ [　　　] A sigmoid curve can only be applied to art and science.

❷ [　　　] If you combine two symmetric sigmoid curves, you can use them to represent the cycle of life.

❸ [　　　] The sales of a product will increase when the competition becomes intensified.

Round ③ Oral Reading

Track 29-32

以下のステップに従い、英文が頭に入ったと思うまで音読しましょう。

❶ Track 29 を通して聞き、大まかな内容や英語の流れを把握する。（1～2回）
❷ Track 30 を聞き、右ページの「発音のポイント」を確認し、リピートする。（1～2回）
❸ Track 31 でフレーズごとに区切られた英語を聞き、対応する日本語を確認する。（1～2回）
❹ Track 31 でフレーズごとに区切られた英語を聞き、その後英語をリピートする。（2～3回）
❺ Track 32 で日本語を聞き、対応する英語をテキストを見ながら音読する。（2～3回）
❻ Track 32 で日本語を聞き、対応する英語をテキストを見ずに音読する。（3～5回）

The application of a sigmoid curve /
goes beyond art and science. //
As shown in Figure 2, /
two symmetric sigmoid curves can be combined /
to represent the cycle of life: / infancy, maturity and old age. //
This pattern suggests /
the life cycle / of birth [1], growth, maturity, aging and death. //
The sigmoid curve also relates [2] /
to love, human relationships, /
or the life cycle of a product or company. //
For example, /
the life cycle of a product depicts a curve /
similar to the one in Figure 2 / over time. //
Just after the product is brought to the market, /
its sales increase slowly /
due to the amount of time / it takes to build recognition. //
After a certain amount of time has passed, /
the sales increase begins / but is not eternal. //
The sales will decrease at some future time /
due to intensifying competition and so on. //

発音のポイント　Let's Repeat!

1 birth ──────────→ 「バーθ」
同じ文にbirth、growth、deathと語尾がthで終わる3つの単語が続くが、いずれも舌先を上の前歯の下にしっかり付けて発音しよう。

2 relate ──────────→ 「リレイT」
Unit 3で練習したreleaseと同じ、rとlが続く発音。舌を後ろから前に素早く動かして発音しよう。

シグモイド曲線の応用は /

芸術や科学の範囲を超える。//

図2に示されるように /

2つの左右対称のシグモイド曲線は組み合わされる /

人生のサイクルを表すために（つまり、）/ 幼年期、成熟期、そして老年期。//

このパターンは示唆している /

人生のサイクルを / 誕生、成長、成熟、老化、そして死の。//

シグモイド曲線はまた関連している /

恋愛、人間関係と /

あるいは製品や会社のライフサイクルと。//

例えば /

製品のライフサイクルは曲線を描く /

図2にあるものと似たものを / 時間経過とともに。//

製品が市場に投入された直後は /

その販売数の伸びは緩やかだ /

時間が原因で / 認知されるのにかかる。//

一定の時間が経過した後 /

販売数の増加が始まる / しかしそれも永遠には続かない。//

販売は将来のある時期に減少するであろう /

激化する競争などが原因で。//

Round **4** Review Exercises

Track 29

Ⅰ 音声を聞き、内容を思い出しながら、以下の2種類の音読をしましょう。

❶ 英文を見ながら Track 29 の音声にぴったりかぶせるように音読する。(2 〜 3回)

❷ 英文を見ずに Track 29 の音声を2、3語遅れて追いかけるように音読する。(3 〜 5回)

Ⅱ ディクテーションしてみましょう。繰り返し音声を聞いても構いません。

The application of a sigmoid curve ❶ _____

_____ . As shown in Figure 2, two symmetric

sigmoid curves ❷ _____

_____ : infancy, maturity and old age. This

pattern suggests the life cycle of birth, growth, maturity, aging and

death.

The sigmoid curve ❸ _____

_____ , or the life cycle of a product or company. For

example, the life cycle of a product depicts a curve similar to the

one in Figure 2 over time. ❹ _____

_____ , its sales increase slowly ❺ _____

_____

_____ . After a certain amount of time has passed, ❻ _____

_____ .

The sales will decrease at some future time ❼ _____

_____ and so on.

Ⅲ 以下の英文には間違いが含まれています。見つけて訂正しましょう。
（間違いのない文もあります。また、１文に２つ以上間違いがある場合もあります。）

❶ The application of a sigmoid curve goes beyond art and science. **❷** As show in Figure 2, two symmetric sigmoid curves can be combined to represent the cycle of life: infancy, mature and old age. **❸** This pattern suggests the life cycle of birth, grow, maturity, aging and death.

❹ The sigmoid curve also relates on love, human relationships, or the life cycle of a product or company. **❺** For example, the life cycle of a product depicts a curve similar with the one in Figure 2 over time. **❻** The product is brought to the market, just after its sales increase slowly due to the amount of time it takes to build recognition. **❼** After a certain amount of time has passed, the sales increase begin but is not eternal. **❽** The sales will decrease at some future time due intensifying competition and so on.

Ⅳ 日本語と同じ意味になるように、下線部に当てはまる英語を書きましょう。

❶ 日本食は国境を越えて広がった。
Japanese food _____ its national borders.

❷ その音楽祭は計画された通り順調に進んだ（go smoothly）。
The music festival _____.

❸ 悪天候のせいでその便は欠航になった。
The flight was canceled _____.

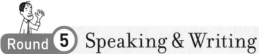

Round 5 Speaking & Writing

I 日本語を参考に、下線部を埋めながら音読しましょう。

シグモイド曲線の応用は、芸術や科学にとどまらない。

The application of a sigmoid curve _____.

図2に示されるように、2つの左右対称のシグモイド曲線を組み合わせて、人生のサイクル（幼年期、成熟期、老年期）を表すことができる。

As shown _____, two symmetric sigmoid curves _____:

_____.

このパターンは、誕生、成長、成熟、老化、死の人生のサイクルを示唆している。

This pattern _____.

シグモイド曲線は、恋愛、人間関係、あるいは製品や会社のライフサイクルとも関連している。

The sigmoid curve also _____, or _____.

例えば、製品のライフサイクルは、時間経過とともに図2にあるものと似た曲線を描く。

For example, the life cycle _____ similar to _____.

製品が市場に投入された直後は、認知されるのに時間がかかり、販売数の伸びは緩やかである。

Just after _____, its sales _____

due to _____.

一定の時間が経過した後、販売数が伸び始めるが、それも永遠には続かない。

After _____, the sales increase _____.

いずれは競争の激化などにより、販売は減少するであろう。

The sales _____ due to _____.

Ⅱ このUnitの英文に関する質問に英語で答えましょう。

❶ What does the top of a sigmoid curve mean in the cycle of life?

_____

❷ What does the end of a sigmoid curve show when it is used to present the life cycle of a product?

_____

_____

_____

Ⅲ 以下のステップに従い、日本語1文で要旨をまとめましょう。
（ここでは、The applicationから始まる段落の要旨を書きます）

❶ 要旨を探す　Round 2 の英文をもう1度読み、要旨となる部分（筆者の最も言いたいこと）を探し、下線を引く。下線を引いた箇所を中心に重要な語句を探し四角で囲む。
❷ 要旨をまとめる　下線を引いた箇所や、四角で囲んだ語句を参考にしながら、以下の日本語の要旨の空欄を埋める。
❸ 確認する　日本語としておかしくないか、筆者の言いたいことが伝わるかどうか確認する。

シグモイド曲線は（　　　　　　　　）や（　　　　　　　　）を超えて

応用可能であり、2つの左右対称のシグモイド曲線を組み合わせると

（　　　　　　　　　　　　）を表すことができる。

Unit 9 　学習曲線への応用

Round ① Vocabulary & Useful Expressions

Ⅰ 文中の下線の引いてある語句に最も近い意味を持つ語句を、下の選択肢から選んで空欄にその記号を記入しましょう。

❶ You should include some <u>graphical</u> information, such as charts, in your report.（　　）

❷ This picture is a symbolic <u>representation</u> of an ideal world.（　　）

❸ The price of oil is in an <u>upward</u> trend.（　　）

❹ World leaders should share a sense of crisis about the <u>acceleration</u> of global warming.（　　）

❺ A new medicine has been found to slow down the <u>progression</u> of the disease.（　　）

❻ Because several accidents happened at the same time, traffic was in <u>chaos</u>.（　　）

a. development b. description c. increasing speed d. confusion e. visual f. rising

Ⅱ 下の選択肢から空欄に当てはまるものを選び、日本語と同じ意味になるように、必要に応じて形を変えて記入しましょう。

❶ 英国は、イングランド、スコットランド、ウェールズ、北アイルランドから成る。

The United Kingdom（　　　　　）（　　　　　　　）England, Scotland, Wales and Northern Ireland.

❷ 私はノリコを親友だと思っている。

I（　　　　　）（　　　　　　　）Noriko（　　　　　）my best friend.

❸ 山が高ければ高いほど、ますます登りたくなる。

（　　　　　）（　　　　　　　）the mountain is,（　　　　　　）（　　　　　）I want to climb it.

consist of	the higher the more	think of as

次の英文を読んで、以下の問いに答えなさい。

1　　As shown in Figure 3, several sigmoid curves can be combined to form a learning curve. A learning curve is a **graphical representation** of the effect of learning for a given period. It consists of a slow beginning, then an **upward**
5　**acceleration**, continuing into a plateau*. Generally we think of the learning curve as a simple upward curve, but it is actually more like peaks and valleys.

　　Many of us hold the mistaken view that learning consists of a steady upward **progression** only. However, deep learning often
10　takes place in the valley called a "slump." For example, learning too many English words may result in **chaos** or temporary turbulence**, but the ability to remember more words will improve through this process. The deeper the
15　valley is, the more we can learn.

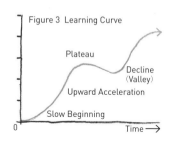

Figure 3　Learning Curve

　　Thus a sigmoid curve is not only a mathematical symbol but also relates to experiences in daily life.

＊　plateau：(成長や発達の) 停滞期、プラトー
＊＊turbulence：混乱

英文の内容に合うものには○、合わないものには×を書きましょう。

❶ [　　] A learning curve shows how the learning will progress during a certain period.

❷ [　　] Many of us believe that the process of learning has ups and downs.

❸ [　　] A sigmoid curve has no connection with experiences in daily life.

Round ③ Oral Reading

Track 33-36

以下のステップに従い、英文が頭に入ったと思うまで音読しましょう。

❶ Track 33 を通して聞き、大まかな内容や英語の流れを把握する。(1〜2回)
❷ Track 34 を聞き、右ページの「発音のポイント」を確認し、リピートする。(1〜2回)
❸ Track 35 でフレーズごとに区切られた英語を聞き、対応する日本語を確認する。(1〜2回)
❹ Track 35 でフレーズごとに区切られた英語を聞き、その後英語をリピートする。(2〜3回)
❺ Track 36 で日本語を聞き、対応する英語をテキストを見ながら音読する。(2〜3回)
❻ Track 36 で日本語を聞き、対応する英語をテキストを見ずに音読する。(3〜5回)

As shown in Figure 3, /
several sigmoid curves can be combined /
to form a learning curve. //
A learning curve is a graphical representation /
of the effect of learning / for a given period [1]. //
It consists / of a slow beginning, then an upward acceleration, /
continuing into a plateau. //
Generally /
we think of the learning curve / as a simple upward curve, /
but it is actually more like peaks and valleys. //
Many of us hold the mistaken view /
that learning consists / of a steady upward progression only. //
However, /
deep learning often takes place / in the valley called a "slump." //
For example, /
learning too many English words /
may result in chaos or temporary turbulence, /
but the ability to remember more words /
will improve through this process [2]. //
The deeper the valley is, the more we can learn. //
Thus / a sigmoid curve is not only a mathematical symbol /
but also relates to experiences in daily life. //

1 period ───────────→ 「ピアリア D」

日本語の「ピリオド」の発音は忘れること。正しい発音を
聞いて何度も練習しよう。語尾のdの後に母音が入って
「ド」とならないように注意。

2 process ───────────→ 「P ラセ S」

processのoは、「オ」と「ア」の中間のように発音す
る。また、日本語の「プロセス」とは違い、pや最後のs
の音の後に母音が入らないように注意しよう。

図3に示されるように /

幾つかのシグモイド曲線は組み合わされる /

学習曲線を形成するために。//

学習曲線とはグラフで表したものである /

学習効果について / 一定期間における。//

それは構成される / 緩やかな始まりと、その後上方へ加速することから /

プラトーにまで続く。//

一般に /

われわれは学習曲線を考える / 一本調子の上向きの曲線として /

しかしそれは実はむしろ山と谷に近いのである。//

われわれの多くは誤った考えを持っている /

学習は構成されると / 安定して上昇することのみから。//

しかし /

深い学習はしばしば起こる / 「スランプ」と呼ばれる谷で。//

例えば /

英単語をたくさん覚え過ぎると /

カオスや一時的混乱につながるかもしれない /

しかしより多くの単語を覚える能力は /

この過程を通じて向上するであろう。//

その谷が深ければ深いほど、われわれはより多く学ぶことができる。//

このように / シグモイド曲線は数学上の記号であるだけでなく /

日常生活における経験とも関連しているのである。//

Round 4 Review Exercises

Track 33

I 音声を聞き、内容を思い出しながら、以下の2種類の音読をしましょう。

❶ 英文を見ながら Track 33 の音声にぴったりかぶせるように音読する。(2〜3回)

❷ 英文を見ずに Track 33 の音声を2、3語遅れて追いかけるように音読する。(3〜5回)

II ディクテーションしてみましょう。繰り返し音声を聞いても構いません。

　　As shown in Figure 3, several sigmoid curves can be

combined to form a learning curve. A learning curve is ❶ _____

_____

for a given period. It ❷ _____

_____ , continuing into a plateau.

Generally ❸ _____ a

simple upward curve, but it is actually more like peaks and valleys.

　　Many of us hold ❹ _____

_____

only. However, deep learning often takes place in the valley called

a "slump." For example, ❺ _____

_____ or temporary turbulence,

but the ability to remember more words will improve through this

process. ❻ _____

_____ .

　　Thus a sigmoid curve is not only a mathematical symbol but

also relates to experiences in daily life.

Ⅲ 以下の英文には間違いが含まれています。見つけて訂正しましょう。
（間違いのない文もあります。また、1文に2つ以上間違いがある場合もあります。）

❶ As shown in Figure 3, several sigmoid curve can be combined to form a learning curve. ❷ A learning curve is a graphical representation of the effect of learning for given period. ❸ It consists in a slow beginning, then an upward acceleration, continuing into a plateau. ❹ Generally we think of the learning curve as a simple upward curve, but they are actually more like peaks and valleys.

❺ Many us hold the mistaken view that learning consists of a steady upward progression only. ❻ Therefore, deep learning often takes place in the valley called a "slump." ❼ For example, learning too many English words may result in chaos or temporary turbulence, but the ability remember more words will improve through this process. ❽ The deep the valley is, the more we can learn.

❾ Thus a sigmoid curve is not a mathematical symbol but also relates to experiences in daily life.

Ⅳ 日本語と同じ意味になるように、下線部に当てはまる英語を書きましょう。
❶ 私のクラスには38人の生徒がいる（＝38人の生徒で構成されている）。
My class _____.
❷ 私の姉は自分自身を美しいと思っている。
My sister _____.
❸ 勉強すればするほど、ますます良い成績が得られる。
_____ you study, _____ a grade you can get.

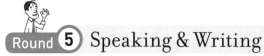

Round 5 Speaking & Writing

Ⅰ 日本語を参考に、下線部を埋めながら音読しましょう。

図3に示されるように、幾つかのシグモイド曲線を組み合わせて学習曲線を形成することができる。

As shown _____, several sigmoid curves _____.

学習曲線とは、一定期間における学習効果をグラフで表したものである。

A learning curve _____ for _____.

最初は緩やかで、その後上方に加速し、プラトーに至る。

It consists of _____, continuing _____.

一般にわれわれは、学習曲線を一本調子で上昇するものと考えるが、実はむしろ山あり谷ありに近いのである。

Generally we _____, but it is _____.

われわれの多くは、学習とは安定して上昇する局面だけであると誤解している。

Many of us hold _____ that learning _____.

しかし、深い学習はしばしば「スランプ」と呼ばれる谷の部分で行われるのである。

However, _____.”

例えば、英単語をたくさん覚え過ぎると、カオスに陥ったり、一時的に混乱したりするかもしれないが、より多くの単語を記憶する能力は、この過程を経て向上するであろう。

For example, learning _____, but the ability _____.

谷が深ければ深いほど、より多くの学習が可能になるのである。

The deeper _____, _____.

このように、シグモイド曲線は、数学上の記号であるだけでなく、日常生活における経験とも関連しているのである。

Thus a sigmoid curve _____ but also _____.

Ⅱ この Unit の英文に関する質問に英語で答えましょう。

❶ What is the valley in a learning curve called?

_____

❷ What happens when the valley is very deep?

_____

Ⅲ 以下のステップに従い、日本語 1 文で要旨をまとめましょう。
（ここでは、As shown から始まる段落の要旨を書きます）

❶ 要旨を探す Round 2 の英文をもう 1 度読み、要旨となる部分（筆者の最も言いたいこと）を探し、下線を引く。下線を引いた箇所を中心に重要な語句を探し四角で囲む。

❷ 要旨をまとめる 下線を引いた箇所や、四角で囲んだ語句を参考にしながら、以下の日本語の要旨の空欄を埋める。

❸ 確認する 日本語としておかしくないか、筆者の言いたいことが伝わるかどうか確認する。

幾つかの（　　　　　　　　　　　　）を組み合わせて、

（　　　　　　　　　　　　）を表す学習曲線を作ることもできる。

Ⅳ Part 3 全体について、70 ～ 80 字で要約を書いてみましょう。

						70								80

Part 3 Final Exercise

以下のテーマについて 100 〜 150 語程度の英語で書いてみましょう。

シグモイド曲線とは何か定義した上で、それが適用できる具体例を 1 つ挙げ、どのように適用できるのか英語で説明しなさい。具体例については、Part 3 で学習した内容を参考にしても、自分で調べて書いても構いません。

Part 4 社会の多様性について考える
Creating Lovely Dolls
for All the People of the World

「人形」と聞くと、金髪や茶色の髪の大きな目をした色白で細身の人形を思い浮かべる人も多いだろう。しかしそれは、一部の人の特徴を表したものにすぎない。実社会には黒髪の人もいるし、太っている人もいる。中には体の不自由な人もいるが、そうした人形はあまり売られていない。ブラジルで人形店を経営するベナンシオさんは、さまざまな人の特徴を表す人形を制作することで、社会が多様性に満ちていることを訴え掛けている。

ブレタ・ブレチーニャの経営者の1人ベナンシオさんと人形たち

社会にはさまざまな問題がある。現状を変えるためにも、まずはそうした問題について認識を深めることが大切だ。これからも学習を続けて、英語を通じて知識を広げていこう！

執筆協力：細川多美子

089

Unit **10** プレタ・プレチーニャの試み

Vocabulary & Useful Expressions

■ 文中の下線の引いてある語句に最も近い意味を持つ語句を、下の選択肢から選んで空欄にその記号を記入しましょう。

❶ There are several unique features of Japanese traditional plays.
（　　　）

❷ You can enjoy various activities in this park. （　　　）

❸ Miyuki is a good companion to me. （　　　）

❹ Kaori's expression reflected how happy she was. （　　　）

❺ Yoko resembles her sister in appearance. （　　　）

a. characteristics　　b. showed　　c. looks like　　d. friend　　e. many kinds of

■ 下の選択肢から空欄に当てはまるものを選び、日本語と同じ意味になるように、必要に応じて形を変えて記入しましょう。

❶ この辞書は多くの役立つ例文が掲載されているという点でとても便利だ。
This dictionary is very convenient （　　　　　　）（　　　　　　　　） it
contains many useful example sentences.

❷ これらの花は、日本ではめったに見られない。
These flowers are （　　　　　　） seen in Japan.

❸ 私の大好きな歌手が大けがをしたというニュースが信じられない。
I can't believe the news （　　　　　　） my favorite singer was severely
injured.

❹ この骨董（こっとう）品の皿は200ドルの値打ちがある。
This antique plate is （　　　　　　） two hundred dollars.

worth　　　　　rarely　　　　　in that　　　　　that

次の英文を読んで、以下の問いに答えなさい。

Preta Pretinha is a doll-making company in Brazil. The shop is unique in that it makes and sells dolls of people with a wide range of physical **features**, and from different ethnic*, religious or social backgrounds. Some of them sit in a wheelchair or stand with crutches**. Others wear traditional clothing of **various** religious and ethnic groups. Such variety is rarely seen in other stores. The shop is run by Antonia Joyce Venancio and her sisters. They have a strong belief that for children, dolls are a mirror of their own being and can also be the closest **companions**. They feel every child should have a chance to own a doll that **reflects** their self-image in a positive way. The shop is worth a visit; everyone can find a doll that **resembles** him- or herself.

多様な人形を販売するプレタ・
プレチーニャの店内

* ethnic：民族の、民族的な
**crutches：松葉づえ

英文の内容に合うものには○、合わないものには×を書きましょう。

❶ [　　] Preta Pretinha is a company which makes dolls but it does not sell them.

❷ [　　] At Preta Pretinha, there are dolls of people with different physical features.

❸ [　　] Antonia and her sisters believe that all the children should have a chance to own a doll that resembles themselves in a positive way.

Round 3 Oral Reading

以下のステップに従い、英文が頭に入ったと思うまで音読しましょう。

❶ Track 37 を通して聞き、大まかな内容や英語の流れを把握する。(1〜2回)
❷ Track 38 を聞き、右ページの「発音のポイント」を確認し、リピートする。(1〜2回)
❸ Track 39 でフレーズごとに区切られた英語を聞き、対応する日本語を確認する。(1〜2回)
❹ Track 39 でフレーズごとに区切られた英語を聞き、その後英語をリピートする。(2〜3回)
❺ Track 40 で日本語を聞き、対応する英語をテキストを見ながら音読する。(2〜3回)
❻ Track 40 で日本語を聞き、対応する英語をテキストを見ずに音読する。(3〜5回)

Preta Pretinha is a doll-making company in Brazil. //

The shop is unique /

in that it makes and sells dolls [1] /

of people with a wide range of physical features, /

and from different ethnic, religious or social backgrounds. //

Some of them sit in a wheelchair or stand with crutches. //

Others wear traditional clothing of various religious and ethnic groups.

Such variety is rarely seen in other stores. //

The shop is run by Antonia Joyce Venancio and her sisters. //

They have a strong belief /

that for children, /

dolls are a mirror of their own being /

and can also be the closest companions. //

They feel / every child should have a chance to own a doll /

that reflects their self-image [2] in a positive way. //

The shop is worth a visit; /

everyone can find a doll /

that resembles him- or herself. //

発音のポイント　Let's Repeat!

1 sells dolls ⟶ 「セウ Z ダウ Z」

l の音は、単語の途中や末尾に来る場合ははっきり聞こえず、カタカナで表記するなら「ル」よりも「ウ」に近い。

2 self-image ⟶ 「セウ F イミジ」

image の発音は、日本語の「イメージ」とはずいぶん違い、「イ」にアクセントがあるので注意。上の **1** で触れているように、l の発音にも注意しよう。

プレタ・プレチーニャはブラジルにある人形制作会社です。//

その店はユニークです /

それは人形を制作して販売するという点で /

さまざまな身体的特徴を持つ人々の /

そして異なる民族的、宗教的あるいは社会的背景出身の。//

そのうちの幾つかは車いすに座っているか、松葉づえを持って立っています。//

他のものはさまざまな宗教や民族集団の伝統的な衣服を身に着けています。//

そうした多様性は、他の店ではめったに見られません。//

その店はアントニア・ジョイセ・ベナンシオとその姉妹たちにより経営されています。//

彼女たちは強い信念を持っています /

子どもたちにとって /

人形は自分自身の鏡であり /

そして最も親しい仲間にもなり得ると。//

彼女たちは感じています / どの子どもも人形を所有する機会を持つべきだと /

それは彼らの自己イメージを肯定的に反映したものです。//

その店は訪れる価値があります /

誰でも人形を見つけることができます /

それは彼または彼女自身に似たものです。//

Round ④ Review Exercises

Track 37

Ⅰ 音声を聞き、内容を思い出しながら、以下の2種類の音読をしましょう。

❶ 英文を見ながら Track 37 の音声にぴったりかぶせるように音読する。(2～3回)

❷ 英文を見ずに Track 37 の音声を2、3語遅れて追いかけるように音読する。(3～5回)

Ⅱ ディクテーションしてみましょう。繰り返し音声を聞いても構いません。

Preta Pretinha is a doll-making company in Brazil. The shop

is unique ❶ _____

_____ with a wide range of physical features, and

❷ _____

_____ . Some of them sit in a wheelchair or stand

with crutches. ❸ _____

_____ . Such

variety ❹ _____ .

The shop is run by Antonia Joyce Venancio and her sisters. They

have ❺ _____

_____ and can also be

the closest companions. They feel every child should have a chance

to own a doll ❻ _____

in a positive way. The shop is worth a visit; everyone can find a doll

that resembles him- or herself.

Ⅲ 以下の英文には間違いが含まれています。見つけて訂正しましょう。
（間違いのない文もあります。また、1 文に 2 つ以上間違いがある場合もあります。）

❶ Preta Pretinha is a doll-making company in Brazil. ❷ The shop is unique in that makes and sells dolls of people with a wide range of physical features, and from different ethnic, religion or social backgrounds. ❸ Any of them sit in a wheelchair or stand with crutches. ❹ Others wear traditional clothing of various religious and ethnic group. ❺ Such variety is rarely seen in other stores. ❻ The shop is ran by Antonia Joyce Venancio and her sisters. ❼ They have a strong belief as for children, dolls are a mirror of their own being and can also be the closest companions. ❽ They feel all child should have a chance to own a doll that reflect their self-image in a positive way. ❾ The shop is worth a visit; everyone can find a doll resembles him- or herself.

Ⅳ 日本語と同じ意味になるように、下線部に当てはまる英語を書きましょう。

❶ 大学の寮に住むのは、たくさんの友達が作れるという点でとても魅力的だ。
Living in a college dormitory is very appealing _____
_____ .

❷ 父はめったに私を叱らない。
My father _____ .

❸ 私が 6 時までに家に帰ってくるべきだという両親の考えには賛成できない。
I don't agree with _____ I should come home by six o'clock.

❹ カズヤの提案は考慮する価値がある。
Kazuya's suggestion _____ .

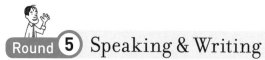

Round 5 Speaking & Writing

■ 日本語を参考に、下線部を埋めながら音読しましょう。

プレタ・プレチーニャはブラジルにある人形制作会社です。

Preta Pretinha _____.

その店は、さまざまな身体的特徴を持つ人々や、民族的、宗教的あるいは社会的背景が異なる人々の人形を制作して販売しているという点でユニークです。

The shop _____ in that _____ with _____,
and from _____.

幾つかの人形は、車いすに座っていたり、松葉づえを持って立っていたりします。

Some _____.

他のものは、さまざまな宗教や民族集団の伝統的な衣服を身に着けています。

Others _____.

そうした多様性は、他の店ではめったに見られません。

Such _____.

その店はアントニア・ジョイセ・ベナンシオとその姉妹たちによって経営されています。

The shop is _____.

彼女たちは、子どもたちにとって人形は自分自身の鏡であり、最も親しい仲間にもなり得るという、強い信念を持っています。

They have _____ that _____, dolls _____
and _____.

彼女たちは、どの子どもにも、自己イメージを肯定的に反映した人形を持つ機会があるべきだと感じているのです。

They feel _____ that _____.

その店は訪れる価値があります。誰でも彼または彼女自身に似た人形を見つけることができるのです。

The shop is _____; everyone _____.

Ⅱ このUnitの英文に関する質問に英語で答えましょう。

❶ Who are the owners of Preta Pretinha?

_____

_____

❷ Why does the writer recommend that we go to the shop?

_____

_____

Ⅲ 以下のステップに従い、日本語1文で要旨をまとめましょう。

❶ 要旨を探す Round 2の英文をもう1度読み、要旨となる部分（筆者の最も言いたいこと）を探し、下線を引く。下線を引いた箇所を中心に重要な語句を探し四角で囲む。

❷ 要旨をまとめる 下線を引いた箇所や、四角で囲んだ語句を参考にしながら、日本語1文で要旨をまとめる。

❸ 確認する 日本語としておかしくないか、筆者の言いたいことが伝わるかどうか確認する。

HINT 第1段落は、通常、導入部分なので、トピックが紹介されたり、筆者の主張がコンパクトにまとまっていたりすることが多い。特に段落の出だしや終わり付近に注意して読んでみよう。

_____

_____

_____

_____

_____

PART 2

Unit 11 きっかけとなったアントニアの体験

Round 1 Vocabulary & Useful Expressions

Ⅰ 文中の下線の引いてある語句に最も近い意味を持つ語句を、下の選択肢から選んで空欄にその記号を記入しましょう。

❶ <u>Witches</u> appear in many old, western tales. (　　　)

❷ The little girl cried, <u>yearning for</u> a cotton candy. (　　　)

❸ The lawyer said that it was an <u>ordinary</u> case. (　　　)

❹ Akira <u>confessed</u> that he had told a lie. (　　　)

❺ Gender <u>discrimination</u> should not be allowed in any office. (　　　)

---

a. inequality　　b. Magic women　　c. admitted　　d. common　　e. wishing for

---

Ⅱ 下の選択肢から空欄に当てはまるものを選び、日本語と同じ意味になるように、必要に応じて形を変えて記入しましょう。

❶ 私たちが採用したデザインは、もともとの計画から程遠いものだった。

The design we used was (　　　　　　) (　　　　　　　　) the original plan.

❷ 外国を旅するときに必要なものは、意思疎通しようとする勇気だ。

(　　　　　　　) you need when traveling abroad is the courage to communicate.

❸ 私はマサトがその手紙を隠すのを見た。

I (　　　　　　) Masato (　　　　　　　　) the letter.

❹ 彼女が直面していた問題は間もなく解決した。

The trouble (　　　　　　) (　　　　　　　　) was soon solved.

---

she face　　　　what　　　　see hide　　　　far from

次の英文を読んで、以下の問いに答えなさい。

1   Antonia originally had the idea of opening the shop after her own experience as an African-Brazilian woman. In her childhood, she wanted a doll that looked like her. Back then, however, only white dolls with European features were sold at

5 shops. The only other doll available was an ugly **witch** made of black cloth and wearing cheap-looking clothes; it was far from what she wanted. When Antonia's grandmother saw her granddaughter cry, **yearning for** a cute black doll, she made one with parts from an **ordinary** doll and black

10 socks. She believed it was important for her grandchild to be confident in herself, and thought that the doll would help. That was Antonia's first doll. Antonia later **confessed** that her grandmother's education had given

15 her the strength to fight against the racial* **discrimination** she faced at schools and offices.

祖母が作ってくれた大切な人形

* racial：人種の

英文の内容に合うものには○、合わないものには×を書きましょう。

❶ [   ] Antonia decided to open the shop because of the discrimination her grandmother experienced.

❷ [   ] When Antonia was a child, it was difficult for her to get a cute black doll.

❸ [   ] The education by her grandmother did not have very much influence on Antonia 's life.

以下のステップに従い、英文が頭に入ったと思うまで音読しましょう。

❶ Track 41 を通して聞き、大まかな内容や英語の流れを把握する。(1〜2回)

❷ Track 42 を聞き、右ページの「発音のポイント」を確認し、リピートする。(1〜2回)

❸ Track 43 でフレーズごとに区切られた英語を聞き、対応する日本語を確認する。(1〜2回)

❹ Track 43 でフレーズごとに区切られた英語を聞き、その後英語をリピートする。(2〜3回)

❺ Track 44 で日本語を聞き、対応する英語をテキストを見ながら音読する。(2〜3回)

❻ Track 44 で日本語を聞き、対応する英語をテキストを見ずに音読する。(3〜5回)

Antonia originally had the idea of opening the shop /

after her own experience as an African-Brazilian woman. //

In her childhood, / she wanted a doll that looked like her [1]. //

Back then, however, /

only white dolls with European features were sold at shops. //

The only other doll available [2] was an ugly witch /

made of black cloth /

and wearing cheap-looking clothes; /

it was far from what she wanted. //

When Antonia's grandmother saw her granddaughter cry, /

yearning for a cute black doll, /

she made one /

with parts from an ordinary doll and black socks. //

She believed /

it was important for her grandchild to be confident in herself, /

and thought that the doll would help. //

That was Antonia's first doll. //

Antonia later confessed /

that her grandmother's education had given her the strength /

to fight against the racial discrimination /

she faced at schools and offices. //

発音のポイント　Let's Repeat!

1 like her ────────→ 「ライカー」
語頭にあるhの音は、前の単語とつながって発音され、はっきり聞こえないことも多い。

2 available ────────→ 「アヴェイラボウ」
上の前歯を下唇に付けて発音するvの音、舌先を上の歯茎の裏側に当てて発音するlの音と、日本人が苦手とする発音が続くので注意。また、bleは「ボウ」のように聞こえる。

アントニアはもともとその店を開くというアイデアを持っていました /

アフリカ系ブラジル人女性としての彼女自身の経験から。//

子どものころ / 彼女は自分に似た人形を欲しいと思っていました。//

しかしその当時は /

白い肌をしたヨーロッパ人の特徴を持つ人形だけが店で売られていました。//

唯一手に入れることができた他の人形は醜い魔女でした /

黒い布で作られた /

そして安っぽい服を着ている /

それは彼女が欲しがっていたものには程遠かったのでした。//

アントニアのおばあさんは孫娘が泣くのを見たとき /

黒い肌をしたかわいい人形を欲しがって /

彼女はそれを作りました /

一般の人形の部品と黒い靴下で。//

彼女は信じていました /

孫にとって自分に自信を持つことが大切だということを /

そしてその人形が助けになるだろうと考えました。//

それがアントニアの最初の人形でした。//

アントニアは後に打ち明けました /

祖母の教育が彼女に強さをくれたと /

人種差別に対して戦うための /

彼女が学校と会社で直面した。//

Round **4** Review Exercises

Track 41

■ 音声を聞き、内容を思い出しながら、以下の2種類の音読をしましょう。

❶ 英文を見ながら **Track 41** の音声にぴったりかぶせるように音読する。（2〜3回）

❷ 英文を見ずに **Track 41** の音声を2、3語遅れて追いかけるように音読する。（3〜5回）

Ⅱ ディクテーションしてみましょう。繰り返し音声を聞いても構いません。

Antonia originally ❶ _____

_____ as an African-

Brazilian woman. In her childhood, she wanted a doll that looked

like her. Back then, however, ❷ _____

_____ at shops. The only other

doll available was an ugly witch ❸ _____

_____ ; it was far from

what she wanted. When Antonia's grandmother saw her

granddaughter cry, yearning for a cute black doll, she made one

❹ _____

_____ . She believed ❺ _____

_____ , and

thought that the doll would help. That was Antonia's first doll.

Antonia later confessed that ❻ _____

_____ to fight

against the racial discrimination she faced at schools and offices.

Ⅲ 以下の英文には間違いが含まれています。見つけて訂正しましょう。
（間違いのない文もあります。また、１文に２つ以上間違いがある場合もあります。）

❶ Antonia originally had the idea opening the shop after her own experience of an African-Brazilian woman. ❷ In her childhood, she wanted a doll that looked her. ❸ Back then, however, only white dolls with European features were sold at shops. ❹ The only other doll available was an ugly witch made of black cloth and wearing cheap-looking clothes; it was far from which she wanted. ❺ When Antonia's grandmother saw her granddaughter's cry, yearning to a cute black doll, she made one with parts from an ordinary doll and black socks. ❻ She believed it was important for her grandchild to be confident in herself, and thought that the doll will help. ❼ That was Antonia's first doll. ❽ Antonia later confessed that her grandmother's education gives her the strength to fight against a racial discrimination she faced at schools and offices.

Ⅳ 日本語と同じ意味になるように、下線部に当てはまる英語を書きましょう。

❶ ダイスケの英語は完璧には程遠い。
Daisuke's English _____.

❷ 私は親友に言ったことを後悔した。
I regretted _____ to my closest friend.

❸ 私はクマが道路を横切るのを見た。
I _____ the street.

❹ 私が毎日利用していたウェブサイトが突然閉鎖された。
_____ was suddenly closed.

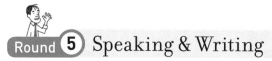

Round 5 Speaking & Writing

Ⅰ 日本語を参考に、下線部を埋めながら音読しましょう。

アントニアは、もともとその店を開くというアイデアを、アフリカ系ブラジル人女性としての自分自身の経験から思いつきました。

Antonia originally _____ after _____.

子どものころ、彼女は自分に似た人形を欲しいと思っていました。

In her childhood, _____.

しかしその当時は、白い肌をしたヨーロッパ人の特徴を持った人形しか店で売られていませんでした。

Back then, _____, only _____ at shops.

唯一手に入れることができた他の人形は、黒い布で作られている、安っぽい服を着た、醜い魔女だけでしたが、それは彼女が欲しいものには程遠いものでした。

The only _____ was _____ made of _____

and wearing _____; _____.

アントニアのおばあさんは、孫娘が黒い肌をしたかわいい人形を欲しがって泣くのを見て、一般の人形の部品と黒い靴下で、黒い肌の人形を作りました。

When Antonia's grandmother _____, _____,

she made _____.

彼女は孫にとって、自分に自信を持つことが大切だと信じており、その人形が助けになるだろうと考えました。

She believed _____, and thought _____.

それがアントニアの最初の人形でした。

That was _____.

アントニアは、祖母の教育が、学校や会社で直面した人種差別に対して闘う強さをくれた、と後に打ち明けました。

Antonia later confessed _____ to fight _____

she faced _____.

Ⅱ このUnitの英文に関する質問に英語で答えましょう。

❶ Why did Antonia 's grandmother make a cute black doll for her granddaughter?

_____

_____

_____

❷ What did Antonia get from her grandmother 's education?

_____

_____

_____

Ⅲ 以下のステップに従い、日本語１文で要旨をまとめましょう。

❶ 要旨を探す Round 2 の英文をもう１度読み、要旨となる部分（筆者の最も言いたいこと）を探し、下線を引く。下線を引いた箇所を中心に重要な語句を探し四角で囲む。

❷ 要旨をまとめる 下線を引いた箇所や、四角で囲んだ語句を参考にしながら、日本語１文で要旨をまとめる。

❸ 確認する 日本語としておかしくないか、筆者の言いたいことが伝わるかどうか確認する。

HINT この段落の要点が最初の１文にまとまっていることに気付けば、それを肉付けすることによって要旨を完成させることができる。

_____

_____

_____

_____

_____

Unit 12 違いを尊重することの大切さ

Round 1 Vocabulary & Useful Expressions

Ⅰ 文中の下線の引いてある語句に最も近い意味を持つ語句を、下の選択肢から選んで空欄にその記号を記入しましょう。

❶ The NPO is trying to improve people's <u>awareness</u> of environmental problems. (　　)

❷ We are often surprised by the <u>diversity</u> of life on earth. (　　)

❸ In any case, you should not <u>insult</u> others in public. (　　)

❹ Tom got angry at his friend's <u>thoughtless</u> remark. (　　)

❺ There were 15 <u>participants</u> in the meeting. (　　)

❻ I <u>realized</u> that I had made some mistakes in the exam. (　　)

a. speak rudely to　b. people　c. knowledge　d. unkind　e. found　f. variety

Ⅱ 下の選択肢から空欄に当てはまるものを選び、日本語と同じ意味になるように、必要に応じて形を変えて記入しましょう。

❶ チョコレートはもちろんのこと、クッキーも好きだ。

I like cookies (　　　　　) (　　　　　) (　　　　　) chocolates.

❷ 飲み物（＝飲むためのもの）をいただけますか。

Can I have (　　　　　) (　　　　　) (　　　　　)?

❸ その有名な野球選手がホームランを打ったのは、まさにこのバットだ。

(　　　　　) (　　　　　) with this bat (　　　　　) the famous baseball player hit a home run.

❹ 私は母が夕食を作るのを手伝った。

I (　　　　　) my mother (　　　　　) dinner.

something drink　　help cook　　as well as　　it is that

Round ② Silent Reading

次の英文を読んで、以下の問いに答えなさい。

Dolls are effective for educating adults as well as children. Antonia often provides workshops at schools, colleges and offices in order to raise people's **awareness** of social **diversity**. She first uses a black doll to talk about her experience of discrimination. Then she presents a scenario where a doll is **insulted** with **thoughtless** words because of its appearance, and describes how sad it must feel. Later, **participants** are given opportunities to talk about what they have experienced and how they feel. By remembering their own traumatic* experiences, they **realize** the importance of respecting each others' differences and learn to communicate more positively.

Antonia stresses that being different is not something to be pitied. It is our lack of awareness that creates a society where "different" people suffer. The dolls created at Preta Pretinha help people think about diversity.

人形は人のさまざまな気持ちを引き出す

* traumatic：とても不快な、トラウマになる

英文の内容に合うものには○、合わないものには×を書きましょう。

❶ [   ] Dolls are more effective for educating children than for educating adults.

❷ [   ] In Antonia's workshop, participants only listen to Antonia's lecture.

❸ [   ] In Antonia's workshop, participants find it important to respect each others' differences.

Round ③ Oral Reading

Track 45-48

以下のステップに従い、英文が頭に入ったと思うまで音読しましょう。

❶ Track 45 を通して聞き、大まかな内容や英語の流れを把握する。(1〜2回)
❷ Track 46 を聞き、右ページの「発音のポイント」を確認し、リピートする。(1〜2回)
❸ Track 47 でフレーズごとに区切られた英語を聞き、対応する日本語を確認する。(1〜2回)
❹ Track 47 でフレーズごとに区切られた英語を聞き、その後英語をリピートする。(2〜3回)
❺ Track 48 で日本語を聞き、対応する英語をテキストを見ながら音読する。(2〜3回)
❻ Track 48 で日本語を聞き、対応する英語をテキストを見ずに音読する。(3〜5回)

Dolls are effective for educating adults /
as well as children. //
Antonia often provides workshops at schools, colleges and offices /
in order to raise people's awareness of social diversity. //
She first uses a black doll /
to talk about [1] her experience of discrimination. //
Then she presents a scenario /
where a doll is insulted with thoughtless words /
because of its appearance, /
and describes how sad it must feel. //
Later, / participants are given opportunities /
to talk about what they have experienced / and how they feel. //
By remembering their own traumatic experiences, /
they realize the importance of respecting each others' differences /
and learn to communicate [2] more positively. //
Antonia stresses /
that being different is not something to be pitied. //
It is our lack of awareness /
that creates a society /
where "different" people suffer. //
The dolls created at Preta Pretinha /
help people think about diversity. //

発音のポイント　Let's Repeat!

1 talk about ⟶ 「トーカバウ」

他の Unit でも学習したように、前の語の語尾に子音が
あり、次の語の語頭に母音がある場合、その2つの音が
くっついて発音される。また、aboutの語尾の破裂音 t
は、はっきり発音されないことが多い。

2 communicate ⟶ 「カミューナケイ」

日本語になっている「コミュニケート」とは全く違う発音
なので注意。語尾の t は、はっきり発音されないことも
多い。

人形は大人たちを教育するのに効果的です ╱

子どもたちはもちろんのこと。╱╱

アントニアはしばしば学校、大学そして会社で勉強会を開きます ╱

社会の多様性について人々の認識を高めるために。╱╱

彼女はまず肌の黒い人形を使います ╱

彼女の差別体験について話すために。╱╱

それから彼女は筋書きを提示します ╱

そこでは人形が心ない言葉でいじめられています ╱

外見のせいで ╱

そしてそれがどれほど悲しく感じているに違いないか説明します。╱╱

その後で ╱ 参加者たちは機会を与えられます ╱

彼らが経験してきたことについて話す ╱ そして彼らがどう感じるかを。╱╱

自分自身のとても嫌な経験を思い出すことにより ╱

彼らはお互いの違いを尊重することの重要性に気付きます ╱

そしてより良い方法で意思疎通できるようになるのです。╱╱

アントニアは強調します ╱

違っていることは哀れまれるべきことではないと。╱╱

それは私たちの認識不足なのです ╱

社会を作り出しているのは ╱

そこでは「違っている」人々が苦しんでいる。╱╱

プレタ・プレチーニャで作られている人形は ╱

人々が多様性について考えるのを手助けするのです。╱╱

Round ④ Review Exercises

Track 45

I 音声を聞き、内容を思い出しながら、以下の2種類の音読をしましょう。

❶ 英文を見ながら [Track 45] の音声にぴったりかぶせるように音読する。（2～3回）

❷ 英文を見ずに [Track 45] の音声を2、3語遅れて追いかけるように音読する。（3～5回）

II ディクテーションしてみましょう。繰り返し音声を聞いても構いません。

Dolls are ❶ ＿＿＿＿＿＿＿＿＿＿＿＿＿＿＿＿＿＿＿＿＿

＿＿＿＿＿＿＿＿＿＿＿＿＿＿＿＿＿ . Antonia often provides workshops

at schools, colleges and offices ❷ ＿＿＿＿＿＿＿＿＿＿＿＿＿＿＿＿

＿＿＿＿＿＿＿＿＿＿＿＿＿＿＿＿＿＿＿＿ . She first uses

a black doll to talk about her experience of discrimination. Then

she ❸ ＿＿＿＿＿＿＿＿＿＿＿＿＿＿＿＿＿＿＿＿＿＿＿＿＿

＿＿＿＿＿＿＿＿＿＿＿＿＿＿＿＿ because of its appearance,

and describes how sad it must feel. Later, participants are given

opportunities ❹ ＿＿＿＿＿＿＿＿＿＿＿＿＿＿＿＿＿＿＿＿＿

＿＿＿＿＿＿＿＿＿＿＿＿＿＿＿＿＿＿ . By remembering

their own traumatic experiences, they ❺ ＿＿＿＿＿＿＿＿＿＿＿

＿＿＿＿＿＿＿＿＿＿＿＿＿＿＿＿＿＿＿＿＿＿＿＿＿＿＿＿＿

＿＿＿＿＿＿＿＿＿ and learn to communicate more positively.

Antonia stresses that ❻ ＿＿＿＿＿＿＿＿＿＿＿＿＿＿＿＿＿

＿＿＿＿＿＿＿＿＿＿＿＿＿＿＿＿ . It is our lack of awareness that

creates a society where "different" people suffer. The dolls created

at Preta Pretinha help people think about diversity.

Ⅲ以下の英文には間違いが含まれています。見つけて訂正しましょう。
（間違いのない文もあります。また、1文に2つ以上間違いがある場合もあります。）

❶ Dolls are effective on educating adults as well as children.
❷ Antonia often provides workshops at schools, colleges and offices in order that raise people's awareness of social diversity.
❸ She first uses a black doll to talk about her experience of discrimination. ❹ Then she presented a scenario where a doll is insulted with thoughtless words because its appearance, and describes how sad it must feel. ❺ Later, participants give opportunities to talk about that they have experienced and how they feel. ❻ By remembering their own traumatic experiences, they realize the importance of respecting each others' differences and learn communicating more positively.

❼ Antonia stresses that being different is not something to be pitied. ❽ It is our lack of awareness what creates a society where "different" people suffer. ❾ The dolls that created at Preta Pretinha help people think about diversity.

Ⅳ日本語と同じ意味になるように、下線部に当てはまる英語を書きましょう。
❶ ジュディは英語だけでなく中国語も話す。
Judy speaks _____.
❷ もし買うものがあれば、コンビニに寄りますよ。
If you have _____, I can stop at a convenience store.
❸ ホタカが誕生日のプレゼントに欲しかったのは、その緑の自転車だった。
It was _____ Hotaka wanted for his birthday present.
❹ 宿題を手伝ってくれませんか。
Could you _____?

Round ⑤ Speaking & Writing

I 日本語を参考に、下線部を埋めながら音読しましょう。

人形は、子どもたちに対してはもちろんのこと、大人たちの教育にも効果を発揮します。

Dolls are effective _____.

アントニアは、社会の多様性について人々の認識を高めるために、しばしば学校や大学や会社で勉強会を開きます。

Antonia often _____ in order to _____.

彼女はまず黒い肌の人形を使い、自分の差別体験について話します。

She first _____.

それから人形が外見のせいで心ない言葉でいじめられている筋書きを提示し、その人形がどんなに悲しく感じているに違いないかを説明します。

Then she _____ because of _____,

and _____.

その後で、参加者たちは自分たちが経験してきたことやどのように感じるかについて話す機会を与えられます。

Later, participants _____ to talk _____.

自分自身がとても嫌な思いをした経験を思い出すことで、お互いの違いを尊重することの重要性に気付き、より良い方法で意思疎通できるようになるのです。

By remembering _____, they _____ and

learn _____.

アントニアは、違っていることは哀れまれるべきことではない、と強調します。

Antonia stresses _____.

「違っている」人々が苦しむ社会を作り出しているのは、私たちの認識不足に他ならないのです。

It is _____ that _____.

プレタ・プレチーニャで作られている人形は、人々が多様性について考える助けになるのです。

The dolls _____ help people _____.

Ⅱ このUnitの英文に関する質問に英語で答えましょう。

❶ After Antonia's workshop, how do the participants change?

_____

_____

_____

❷ How do the dolls created at Preta Pretinha affect people's thinking?

_____

Ⅲ 以下のステップに従い、日本語1文で要旨をまとめましょう。
（ここでは、Dolls are から始まる段落の要旨を書きます）

❶ 要旨を探す Round 2の英文をもう1度読み、要旨となる部分（筆者の最も言いたいこと）を探し、下線を引く。下線を引いた箇所を中心に重要な語句を探し四角で囲む。

❷ 要旨をまとめる 下線を引いた箇所や、四角で囲んだ語句を参考にしながら、日本語1文で要旨をまとめる。

❸ 確認する 日本語としておかしくないか、筆者の言いたいことが伝わるかどうか確認する。

HINT Dolls are から始まる段落も、トピックが1文にまとまっていて分かりやすい。必要な箇所を抜き出して、トピックセンテンスの内容を具体的に説明しよう。

_____

_____

_____

_____

_____

Ⅳ Part 4全体について、70 〜 80字で要約を書いてみましょう。

Part 4 Final Exercise

以下のテーマについて 100 〜 150 語程度の英語で書いてみましょう。

Preta Pretinha は私たちに何を教えてくれるのか明確にし、これから社会の中で私たちがどのように考え、行動するべきか、あなたの意見を述べなさい。

_____

_____

_____

_____

_____

_____

_____

_____

_____

_____

_____

_____

_____

_____

_____

_____

_____

_____

_____

_____

本書を学習し終えた皆さんへ
大学入試に向けてさらなる学習のヒントとアドバイス

　最後までこの本を学習し終えた皆さん、お疲れさまでした。

　難しい英文を細部まで理解し、音読し、再構築し、さらにはその英文を元に英語で自分の考えを発信してきた皆さんは、本書で扱っているトピックに関しては、何も見なくても語れて、意見が書けるようになっているのではないでしょうか。

　学習をさらに続ければ、ジャンルを問わず、さまざまな英文が読めて、その英文についての意見が言えて、書けるようになるでしょう。そうすれば、大学合格に近づくのはもちろん、大学入学後や社会に出てからも、英語が大きな武器になることは間違いありません。

　次のページからは、今後どのように学習を継続していけばよいか、具体的に考えてみましょう。

使える武器（英語）を増やそう!

　自分の英語力をさらに上げるためには、今まで出合ったことのなかった、あるいは目にしていても自分のものになっていなかった英語を自動化していくことが必要です。本書の学習法を参考にして、自分にとって難易度の高い英文に取り組み、徹底的に理解しましょう。その後、何度も音読して英文を取り込み、英文が再構築できるようになったかどうか確認します。

　その場合の教材としては、現実的なことを考えると、大学入試対策問題集や志望大学の過去問題が適しています。入試（対策）問題であれば学習のモチベーションが上がりますし、知らない単語や表現、複雑な文構造も多く含まれていますから、精読するに値するで

しょう。ただし、あまりに難しくて歯が立たない、という場合には、もう少し易しい英文から始めてもよいかもしれません。また、音読することを考えると、できるだけ CD やインターネットのダウンロードなどで音声が提供されている教材が望ましいと言えます。

さらなる英語力アップを目指そう!

　精読後、発信まで含めた学習をすると、さらに英語力を高めることができます。学習方法は 3 つあります。1 つ目は、精読した英文についての質問を作ることです。質問を作るためには、英文をさらに読み込んだり、ポイントとなる箇所を見極めたりする必要がありますから、細部の深い理解につながります。2 つ目は、英文の要約を書いてみることです。これは、英文の中でどこが重要なのかを把握することにつながります。3 つ目は、英文についての意見を書いてみることです。意見を書くためには、自分が英文のここに引っかかる、という箇所を探して、それについて深く

考えることが必要になるので、英文の内容そのものについて考察することができます。また、英文から離れて自分の意見をまとめる過程で、表現力も磨かれるでしょう。これらはいずれも、やり方は少し違いますが、本書の中ですでに皆さんが実践してきた学習法です。

　こうした活動は、大変力が付きますし、もちろん毎回やるに越したことはないのですが、英語学習に使える時間が限られている中では難しいかもしれません。その場合には、質問、要約、意見について、頭の中で考えてみるだけでも効果があります。今まで漠然と読んでいた英文の理解が深まるでしょう。

英語を読むことを楽しもう!

精読して英語を自動化する一方、毎日10分程度でもよいので、並行して速読も行いましょう。速読をする際に大切なことは、英文から情報を得るつもりで読むことです。精読の場合は、「この日本語はこういった英語で表現するのか」といった英語そのものについての気付きを感じながら読むことが必要ですが、速読では、頭の中で英文の内容をイメージするつもりで読んでいきます。そうすることにより、読解力も上がりますが、英文を頭から読んで次々と理解していくことで、実はリスニング力にまで良い影響があるのです。

速読には、精読とは異なる教材が適しています。教材を選ぶ際には、単語をざっと追ってみて、3行に2つ以上知らない単語が入っているものは避けましょう。例えば、1行に1つ知らない単語が含まれている英文を読も

うとすると、単語が分からないためにスピーディーに読み進めることができず、英文の内容に集中することが難しくなります。また、テーマも、なるべく自分が関心を持っているテーマや、「読んでみたい」と思うものを選びましょう。自分の趣味と関連する外国の雑誌やインターネットの記事などでも構いません。英文を読みながら、「なるほど」と新しい発見があったり、「すごいなあ」などと自分の心の動きを感じられたりすると、学習を継続する力になります。

精読とは違って、速読の場合には、余計なことは考えず、内容を楽しむという観点を重視しましょう。そして、毎日欠かさず読むことが大切です。遠回りに思えるかもしれませんが、豊かな言語体験を積むことは、英語力のアップにつながります。

受験をチャンスと捉えよう!

最後に、英語から離れて、受験に向けての心構えについて少しお話ししておきます。受験は高校生にとって辛い体験かもしれません。しかし、それだけに得るものも大きいのです。人は、困難に直面すると、深く考え、その対処に全力を尽くします。そこでギリギリまで頑張った経験が、その後のあなたの人生の支えとなるのです。

時には、1人ではとても乗り越えられない、と感じることもあるかもしれません。そんなときには、自分を元気づけてくれる言葉を思

い出しましょう。「朝の来ない夜はない」「神様は乗り越えられないほどの試練を人に与えない」「苦難こそ絶好のチャンス」など、自分を奮い立たせてくれる言葉を持っておくと、入試本番でも力を発揮しやすくなります。

また、受験は、自分について考える絶好の機会です。自分がどんな価値観を持ち、将来どのような人生を送るために何を学びたいのか、問い直してみましょう。目標を明確にすることで、入試だけでなく、その後の人生についても展望が開けるでしょう。

重要表現チェックリスト

本書で学習した表現がしっかり覚えられたかどうかチェックしましょう。

日本語訳	英文	答え	＊
□ 東京スカイツリーが日本で最も高い電波塔であることはよく知られている。	It is ( )( )( ) Tokyo Sky Tree is the highest broadcasting tower in Japan.	widely known that	1
□ 私はとても疲れているのでカラオケに行けない。	I'm ( )( )( ) I cannot go to *karaoke*.	so tired that	1
□ 多くの人が英語を学ぶ1つの重要な理由は外国を旅行したいからだ。	( )( )( ) many people study English is ( ) they want to travel abroad.	One important reason, that	1
□ 魔法のつえを使って、魔法使いはカボチャを馬車に変えた。	( ) a magic stick, the wizard changed a pumpkin into a carriage.	Using	2
□ ユカは入試に合格するために一生懸命勉強した。	Yuka studied hard ( )( ) she ( ) pass the entrance examination.	so that, would	2
□ 携帯電話のおかげで人にいつでも連絡することができる。	Cellphones ( ) us ( ) contact people at any time.	enable, to	2
□ 私は電車に乗っている間音楽を聞くのが好きだ。	I like listening to music ( )( ) on the train.	while riding	2
□ あの黄色のスーツは君によく似合うよ。	You ( )( ) in that yellow suit.	look nice	3
□ マンガだけでなく小説も読むべきだ。	You should read ( )( ) comics ( )( ) novels.	not only, but also	3
□ ますます多くの日本人がメジャーリーグでプレーしている。	( )( )( )( ) Japanese people are playing major league baseball.	More and more	3
□ ラザニアの作り方を教えてください。	Let me know ( )( ) cook lasagna.	how to	3
□ このコートは2色のご用意があります。1つは濃紺で、もう1つはベージュです。	We offer this coat in two colors. ( ) is navy and ( )( ) is beige.	One, the other	4
□ その公園は、花見を楽しむ人々でいっぱいだった。	The park ( )( )( ) people who enjoy looking at cherry blossoms.	was packed with	4
□ もし宝くじで1等が当たったらどうしますか。	( )( ) you won first prize in the lottery?	What if	4
□ ザルツブルグはモーツァルトが生まれた所だ。	Salzburg is ( ) Mozart was born.	where	4
□ 日本の女性の平均寿命は、男性よりも長い。	The life expectancy of Japanese women is longer than ( )( ) Japanese men.	that of	5
□ 校門の前に立っている男の子は、キャシーのボーイフレンドだ。	The boy ( ) in front of the school gate is Cathy's boyfriend.	standing	5
□ 怒りによって、彼の血圧は上がった。	Anger ( ) his blood pressure ( )( ).	caused, to rise	5
□ 英語は国際的なコミュニケーションにおいて重要な役割を果たす。	English ( )( ) important ( )( ) international communication.	plays an, role in	6
□ その軽減税率はどのエコカーにも適用される。	The reduced tax rates ( )( ) any eco-friendly car.	apply to	6
□ 私のクラスメートは誰も夏期講習に参加しなかった。	( )( ) my classmates attended the summer session.	None of	6

日本語訳	英文	答え	*
☐ この宿題は月曜日までに終えなければならない。	This homework 〔 〕〔 〕〔 〕 by Monday.	must be done	7
☐ 私の弟は、自転車に乗るときもはや補助輪を必要としない。	My brother 〔 〕〔 〕 needs training wheels when he rides a bicycle.	no longer	7
☐ y の値は x の値に比例して変わる。	The amount of y varies 〔 〕〔 〕〔 〕 that of x.	in proportion to	7
☐ その作品は高校生の水準を超えていた。	That work was 〔 〕 the level of a high school student.	beyond	8
☐ この写真に見られるように、月には無数のクレーターがある。	〔 〕〔 〕 in this picture, there are numerous craters on the moon.	As seen	8
☐ コンピューターのトラブルのせいで、すべてのデータを失った。	I lost all the data 〔 〕〔 〕 the computer problem.	due to	8
☐ 英国は、イングランド、スコットランド、ウェールズ、北アイルランドから成る。	The United Kingdom 〔 〕〔 〕 England, Scotland, Wales and Northern Ireland.	consists of	9
☐ 私はノリコを親友だと思っている。	I 〔 〕〔 〕 Noriko 〔 〕 my best friend.	think of, as	9
☐ 山が高ければ高いほど、ますます登りたくなる。	〔 〕〔 〕 the mountain is, 〔 〕〔 〕〔 〕 I want to climb it.	The higher, the more	9
☐ この辞書は多くの役立つ例文が掲載されているという点でとても便利だ。	This dictionary is very convenient 〔 〕〔 〕 it contains many useful example sentences.	in that	10
☐ これらの花は、日本ではめったに見られない。	These flowers are 〔 〕 seen in Japan.	rarely	10
☐ 私の大好きな歌手が大けがをしたというニュースが信じられない。	I can't believe the news 〔 〕 my favorite singer was severely injured.	that	10
☐ この骨董品の皿は 200 ドルの値打ちがある。	This antique plate is 〔 〕 two hundred dollars.	worth	10
☐ 私たちが採用したデザインは、もともとの計画から程遠いものだった。	The design we used was 〔 〕〔 〕 the original plan.	far from	11
☐ 外国を旅するときに必要なものは、意思疎通しようとする勇気だ。	〔 〕 you need when traveling abroad is the courage to communicate.	What	11
☐ 私はマサトがその手紙を隠すのを見た。	I 〔 〕 Masato 〔 〕 the letter.	saw, hide	11
☐ 彼女が直面していた問題は間もなく解決した。	The trouble 〔 〕〔 〕 was soon solved.	she faced	11
☐ チョコレートはもちろんのこと、クッキーも好きだ。	I like cookies 〔 〕〔 〕〔 〕 chocolates.	as well as	12
☐ 飲み物を頂けますか。	Can I have 〔 〕〔 〕〔 〕?	something to drink	12
☐ その有名な野球選手がホームランを打ったのは、まさにこのバットだ。	〔 〕〔 〕 with this bat 〔 〕 the famous baseball player hit a home run.	It was, that	12
☐ 私は母が夕食を作るのを手伝った。	I 〔 〕 my mother 〔 〕 dinner.	helped, cook	12

今井 康人 IMAI, Yasuhito

1960年生まれ。立命館中学校・高等学校（京都府）に勤務。38年間、高等学校で教鞭をとっている。2003から8年間、北海道立函館中部高校 SELHi 研究主任などを務め、音読・暗写を核とした英語学習法「HC ラウンドシステム」をチームで開発・実践し、注目された。さらに、2014年6月に立命館高校 MS コースにおいて新英作文指導法「SSCC（同時自己添削英作文）と COC（連鎖意見英作文）」を研究開発。その指導法は全国に広がっている。英語教育今井塾（ブログ）を開設し、全国の英語教員と交流中。趣味は写真撮影・ゴルフ・Jazz 鑑賞。著書に『英文読解 G トレ 標準レベル』『英文読解 G トレ 応用レベル』（アルク）、『ゼスター総合英語』（Z会出版）、『英語力が飛躍するレッスン』（青灯社）など多数。

書名	英文読解 G トレ 応用レベル
発行日	2020年10月7日 （初版）

著者	今井康人
編集	文教編集部
英文執筆	佐藤洋一（佐藤翻訳事務所）、Owen Schaefer
英文校正	Owen Schaefer、Victoria Wilson、Peter Branscombe
アートディレクション	細山田光宣
デザイン	小野安世（細山田デザイン事務所）
イラスト	小松希生
ナレーション	Chris Koprowski、Carolyn Miller、八木かおり
録音・編集	千野幸男（有限会社ログスタジオ）
DTP	朝日メディアインターナショナル株式会社
印刷・製本	図書印刷株式会社
発行者	天野智之
発行所	株式会社アルク
	〒102-0073 東京都千代田区九段北 4-2-6 市ヶ谷ビル
	Website: https://www.alc.co.jp/

中学・高校での一括採用に関するお問い合わせ：koukou@alc.co.jp（アルクサポートセンター）

地球人ネットワークを創る

アルクのシンボル
「地球人マーク」です。

英語の処理を自動化する
Great Training

英文読解

G

トレ

**応用
レベル**

［解答・解説集］

CONTENTS

今井先生の英語のお悩み相談室

Unit 1

Round 1 Vocabulary & Useful Expressions

I

❶ Currently   d. Now
現在、私たちのクラブには50人の部員がいる。

❷ vehicle   e. car
われわれの会社は新しいタイプの環境に優しい車を開発した。

❸ accepted   c. welcomed
父は遊園地に行くという私の提案を受け入れた。

❹ manufactures   b. makes
この工場は電化製品を生産している。

❺ adjust   a. slightly change
このスカートは私には少し長過ぎる。長さを調節しなくちゃ。

II

❶ It is (widely) (known) (that) Tokyo Sky Tree is the highest broadcasting tower in Japan.

英語では、主語が長くなることを避けるために、to 不定詞や that 節が主語になる場合、it を形式主語として主語の位置に置く場合が多い。この文は、実際には that 以下を主語とする受動態の文。that は名詞節を導く接続詞である。

❷ I'm (so) (tired) (that) I cannot go to *karaoke*.

so ～ that ... は、「非常に～なので…」という意味を表す。～の部分には形容詞や副詞が入る。～の部分に（不定冠詞＋）形容詞＋名詞が入る場合は、such ～ that ... となる。

❸ (One) (important) (reason) many people study English is (that) they want to travel abroad.

that 以下は名詞節で、この文では補語になっている。なお、reason の後には、関係副詞 why が省略されている。

全文訳

日本製品は世界中のほとんど至る所で見られる。特に、今日では、新興国の市場がより注目を集めつつあり、そこで多くの日本製品を見つけることができる。例えば、スズキの海外の子会社が、現在インドの乗用車市場の約半分のシェアを持っていることはよく知られている。別の例を挙げると、東洋水産は1989年にメキシコでカップ式の即席麺を売り出したが、今では即席麺は安く、便利で、かなりおいしい食べ物として人々に大変好まれている。麺のブランド名「マルちゃん」は、メキシコの人々の間でとてもよく知られるものとなったので、それをとても早く行われたり作られたりすることを表現する動詞として使う人もいる。日本製品が外国で受け入れられてきた1つの重要な理由は、製造業者が製品を現地市場に合うように少し変えてきたことだ。つまり、彼らは製品を「地方化」したのである。

---

❶ [×]

（訳）　スズキの海外の子会社は、現在インドの乗用車市場の約3分の1のシェアを持っている。

（解説）4〜6行目に、「約半分のシェアを持っている」とある。

❷ [○]

（訳）　メキシコでは、多くの人々がマルちゃんの即席麺を大変気に入っている。

（解説）8〜9行目の記述と一致。

❸ [○]

（訳）　外国で、日本の製造業者は現地市場に受け入れられるように製品を変化させてきた。

（解説）12〜16行目の記述と一致。

Round **4** Review Exercises

II

❶ can be found almost everywhere

❷ are getting more attention

❸ it is widely known that

❹ currently has about half of the share

❺ introduced cup-style instant noodles

❻ has become so familiar among Mexican people that

❼ to express something that can be done or made

❽ have adjusted their products to fit the local market

III

❶ Japanese products can ~~find~~ [be found] almost everywhere in the world.

❷ Especially, these days, the markets of developing countries are getting more attention, and you can find ~~much~~ [many] Japanese products there. ❸ For example, it is widely known that an overseas subsidiary company of Suzuki currently ~~had~~ [has] about half of the share of the Indian passenger vehicle market. ❹ In another example, in 1989, Toyo-Suisan introduced cup-style instant noodles to Mexico, ~~which~~ [where] people now love them as cheap, convenient and rather delicious meals. ❺ The noodles' brand name, "Maruchan," has become ~~such~~ [so] familiar among Mexican people that some people use it as a verb, to express something that

can be done or made very ~~quick~~ quickly. ❻ One important reason

Japanese products have been accepted in foreign countries ~~are~~ is

that the manufacturing companies have ~~been~~ adjusted their

products to fit the local market; in other words, they have

"localized" their products.

❶ ここの文意は、「（私たちは）日本製品を世界のほとんど至る所で見つけることができる」ということなので、Japanese products が主語であれば受動態にする必要がある。

❷ many と much は共に「たくさんの」の意味を表すが、many が一般に可算名詞の複数形に付くのに対し、much は不可算名詞に付き、主に否定文・疑問文中で使われる。この場合は続く名詞が Japanese products と可算名詞の複数形なので、many を使う。

❸ この文は現在の事実について書かれており、直前に currently（現在）という副詞があることからも、動詞は現在形でなければならない。主語が an overseas ... company と 3 人称単数であるため、has にすること。

❹ 「東洋水産は～を売り出し、そこでは…」という流れなので、続く関係詞は場所を表す先行詞に続けて用いられる関係副詞 where が妥当。なお、ここでは先行詞の後にカンマがあるので、補足的情報を表す非制限用法（継続用法ともいう）として使われている。

❺ ⓐ so ～ that ... と such ～ that ... はどちらも「非常に～なので…」という意味を表す点では同じだが、続く品詞が異なる。so の後には形容詞や副詞が来るが、such の後には (a)（＋形容詞）＋名詞が来るため、ここでは so ～ that ... が妥当。ⓑ「とても早く」の意で can be done or made を修飾しているため、名詞を修飾する役割を持つ形容詞の quick ではなく動詞・形容詞などを修飾する副詞の quickly が当てはまる。

❻ ⓒ 主語は単数である One important reason のため、be 動詞は is が妥当。ⓓ 動詞 adjust を行う主体は manufacturing companies のため、完了形の受動態ではなく、能動態（現在完了形）が用いられる。

Ⅳ

❶ It is widely known that Japanese cartoons are popular in foreign countries.

❷ Kenta walked so slowly that he missed the bus.

❸ One important reason many people go to college is that they want to study something deeply.

Round ⑤ Speaking & Writing

II （解答例）

❶ 「マルちゃん」という単語は、一部のメキシコの人々の間でどのように使われていますか。

Some people use it as a verb, to express something that can be done or made very quickly.

❷ 幾つかの日本企業は、なぜ外国で製品を販売することに成功したのですか。

ⓐ Because they have adjusted their products to fit the local market.

ⓑ Because they have "localized" their products.

III （解答例）

Japanese products can be found almost everywhere in the world. One important reason they have been accepted in foreign countries is that the manufacturing companies have adjusted their products to fit the local market; in other words, they have "localized" their products.

今井先生の
英語のお悩み相談室 ❶

「英語が苦手でやる気が起きません」

生徒：高3になりましたが、英語が苦手で勉強する気になりません。どうしたら英語が好きになれますか。

今井先生：英語が苦手な人は世の中に結構いますが、その原因は幾つかに分かれます。①英語を学ぶ意義が分からない。日本語だけで十分だ。②英語の必要性は分かるが、難しいので面白くない。③英語そのものが嫌いで、見るのも嫌だ。④英語は嫌いではないが、面倒で勉強する気にならない。これらが主な原因です。

　あなたはどのタイプですか。③以外は英語を学べる可能性がかなりあります。①の人は、「英語は言葉だ」ということを意識する必要があると思います。英語ができると外国の人

たちとコミュニケーションを取ったり、映画、音楽、文学、ファッション、写真、車、スポーツなど、自分が好きな分野についても、英語で読んだり聞いたりして、より楽しむことができるのです。英語で自分の人生にスパイスを利かせる、というつもりで学べば、きっと楽しくなるはずです。②の人には、まずこの本を1冊、学習することをお勧めします。そうすれば、効果的な学習法が身に付き、英語の勉強が楽しくなるでしょう。④の人には、**自分の人生を充実させられるのは、本人しかいない、ということを思い出してほしいと思います。英語ができないままでよいのですか。**今ならまだ間に合います。一緒に頑張りましょう。

Round 1 Vocabulary & Useful Expressions

I

❶ decade   f. ten years
1990年代、日本は「失われた10年」を経験した。

❷ purchased   a. bought
マサルはインターネットのオークションで自転車を購入した。

❸ Furthermore   b. In addition
フィンランドは生活水準が高いことで有名だ。その上、先端技術を持つ国でもある。

❹ adapted   d. changed
そのミュージカルは日本人の観客向けに作り変えられた。

❺ ingredients   c. contents
パンの主な材料はイースト、バター、水、牛乳、小麦粉である。

❻ account for   e. make up
日本では、65歳以上の人は人口の23パーセント以上を占める。

II

❶ (Using) a magic stick, the wizard changed a pumpkin into a carriage.

分詞に導かれる句が副詞節の働きをし、文に「時・理由・付帯状況・動作や出来事の連続」などの情報を加えるものを「分詞構文」という。この場合は、「手段・方法」を表しており、By using ～で置き換えると近い意味になる。

❷ Yuka studied hard (so) (that) she (would) pass the entrance examination.

so that ～は、「～するために」の意味を表す。that 節の中には、文脈に応じて助動詞 may［might］、can［could］、will［would］などが用いられる。口語では、that が省略されることも多い。

❸ Cellphones (enable) us (to) contact people at any time.

人や動物以外の物事（無生物）を主語にして、「物事が人に～させる」という意味を表すことがある（無生物主語の構文）。「S + enable + O + to 不定詞」で、「S は O（人）が～できるようにする」つまり、「S のおかげで O（人）は～できる」という意味になる。

❹ I like listening to music (while) (riding) on the train.

> riding 以下は❶と同じ分詞構文だが、ここでのように、分詞構文が表す意味を明確にするために分詞の前に接続詞を置くことがある。しかし、この文はまた、while と riding の間にある「主語＋be動詞」を省略した形と考えることもできる。

Round ② Silent Reading

全文訳

　ファミリーマートは、日本発祥のコンビニエンスストアのチェーンで、2004 年に上海に 1 号店を開店し、中国市場に参入した。過去 10 年間に、核家族や会社員の数が増加する一方、上海の消費者の購買力は高まった。そのため、コンビニエンスストアで販売されている弁当、おにぎり、おでんなどの調理済み食品は、すぐに中国人の食生活の一部となった。その上、ファミリーマートは、市場に受け入れられるように製品を作り変えた。

　1 つの例は具が串刺しになっている新しいスタイルのおでんで、別の例はたくさんの具が中に詰まった、より大きなサイズのおにぎりだ。これらの製品のおかげで、忙しい中国の人々は、歩いたり、勉強したり、働いたりしている間に食事を取ることができる。こうした努力により、2010 年に、調理済み商品は、上海のファミリーマートの売上の 35 パーセント以上を占めた。

---

❶ [○]

（訳）　過去 10 年間に、上海の消費者は、商品やサービスを購入するためのより多くの収入を得た。

（解説）3 ～ 4 行目の記述と一致。「購買力が高まる」＝「商品やサービスを購入する資力が高まる」ということ。

❷ [○]

（訳）　より大きなサイズのおにぎりは忙しい中国の人々にとって便利だ。

（解説）12 ～ 14 行目に、「これらの製品（より大きなサイズのおにぎりなど）のおかげで、忙しい中国の人々は、歩いたり、勉強したり、働いたりしている間に食事を取ることができる」とあるので○。

❸ [×]

（訳）　ファミリーマートは彼らの製品を変化させたが、中国の人々には受け入れられなかった。

（解説）8 ～ 9 行目に、「ファミリーマートは市場に受け入れられるように製品を作り変えた」とあり、その結果として、14 ～ 17 行目に「2010 年に、調理済み商品は、上海のファミリーマートの売上の 35 パーセント以上を占めた」という記載があるので×。

Unit 2

Round ④ Review Exercises

II

❶ a Japan-originated chain of convenience stores

❷ opening its first shop in Shanghai

❸ while the number of nuclear families and office workers has also increased

❹ have readily become a part of the Chinese diet

❺ adapted their products so that they would be accepted

❻ a larger size onigiri with lots of ingredients inside

❼ enable busy Chinese people to eat while walking

III

❶ FamilyMart, a Japan-originated chain of convenience ~~store~~ ^stores^, entered the Chinese market in 2004, ~~opened~~ ^opening^ its first shop in Shanghai. ❷ In the past decade, the purchasing power of Shanghai consumers ~~have~~ ^has^ increased while ~~a~~ ^the^ number of nuclear families and office workers has also increased. ❸ Because of this, ready-to-eat meals ~~selling~~ ^sold^ at convenience stores, such as *bento*, *onigiri* and *oden*, have readily ~~became~~ ^become^ a part of the Chinese diet. ❹ Furthermore, FamilyMart adapted their products ~~and~~ ^so^ that they would be accepted in the market. ❺ One example is a new style of oden with ingredients on skewers, and ~~other~~ (another) is a larger size

onigiri with lots of ingredients inside. ❻ These products enable

busy Chinese people eat (to) while walking, studying or working.

❼ ~~With~~ (As) a result of these efforts, in 2010, ready-to-eat items

accounted for over 35 percent of FamilyMart's sales in Shanghai.

❶ ⓐ コンビニエンスストアのチェーンであることから、店舗は1軒ではなく複数あると考えられるので、convenience stores と複数形にする。 ⓑ ここの文意は「上海に1号店を開店させることによって、中国市場に参入した」ということなので、opened を opening に変えて分詞構文にする。カンマを取り by opening で続けることもできる。文法的には , and opened 〜と続けることも可能だが、文意が変わってしまう。

❷ ⓒ have increased の主語は the purchasing power なので、has increased が正しい。直前の名詞 consumers に惑わされないように注意。 ⓓ a number of 〜は「幾つかの〜」または「多数の〜」という意味。「〜の数」を表すには、the number of 〜を使う。

❸ ⓔ ここでは、「コンビニエンスストアで売られている調理済み食品」という意味になるので、受動的な関係を表す過去分詞 sold で ready-to-eat meals を修飾する。 ⓕ become の過去分詞形は become である。

❹ 「市場で受け入れられるために」という目的を表すには so that を使う。

❺ ここでは、たくさんあると思われる example のうち、まず1つを表し、次に別の1つを表しているので、「(3つ以上あるうちの) 1つ〜また (別の) 1つ」を表す one 〜 another が妥当。なお、「(2つあるうちの) 1つ〜残りの1つ」を表すときには one 〜 the other を使う。

❻ 「enable + O + to 不定詞」で、「O が〜できるようにする」の意味となる。

❼ as a result of 〜は「〜の結果として」を表す決まり文句。

Ⅳ

❶ Giving him some chocolates, Norika confessed her love to Taro.

❷ Mr. Brown asked for a morning call so that he would not be late for the meeting.

❸ Airplanes enable us to fly to another city in a very short time.

❹ A nice idea occurred to me while watching television.

Unit 2

Round ⑤ Speaking & Writing

Ⅱ （解答例）

❶ テキストで言及されている調理済み食品の例は何ですか。

Bento, *onigiri* and *oden*.

❷ テキストによると、日本のおにぎりと上海のファミリーマートで売られている新しい形式のおにぎりの違いは何ですか。

The new style *onigiri* sold in FamilyMart in Shanghai is larger than Japanese one, because it has more ingredients inside.

Ⅲ （解答例）

FamilyMart entered the Chinese market in 2004, opening its first shop in Shanghai. While the lifestyle of Shanghai consumers has changed, FamilyMart have adapted their products so that they would be accepted in the market. As a result, in 2010, ready-to-eat items accounted for over 35 percent of FamilyMart's sales in Shanghai.

今井先生の
英語のお悩み相談室 ❷

「英語を話すのが苦手です」

生徒：英文を読んで理解することはできますが、英語を話すのが苦手です。どうすれば話せるようになりますか。

今井先生：英語を話すとき、あなたの頭の中で何が起こっているか、考えてみましょう。「英語の質問を聞く→理解する→答えを考える→発信する」という流れです。このことが分かれば、話す練習には、①質問を聞いて理解する能力、②瞬時に答えの内容を考える能力、③答えの英文を作文する能力、④正しい発音で伝える能力が必要だということが分かります。それぞれ①リスニング、②相手の考えを深く読み取り反応する力を鍛えるためのリーディング、③英作文、④発音の練習が役に立ちます。つまり、**話すためには、1つの技能に偏らない、全般的な英語力が必要なのです。英文を黙読しているだけでは話せるようになりません。**

また、一方的に相手の質問に答えるだけではなく、こちらからも質問し、会話を続けようとする努力も大切です。

なお、相手の英語を理解し、適切な答えを返すことを、最初から日本語を全く介さずにできる人は少ないと思います。しかし、このステップを繰り返すことによって、日本語をあまり意識せずに、英語を理解し、回答できるようになります。これが「英語が自動化された」状態です。時間はかかるかもしれませんが、そこを最終的な到達目標として頑張りましょう。

Unit 3

Round 1 Vocabulary & Useful Expressions

Ⅰ

❶ beverages   e. drinks
医者は私にカフェインが入った飲み物を飲まないように助言した。

❷ domestic   b. national
国内線のチェックインカウンターは2階だ。

❸ shrink   a. become small
綿100パーセントのシャツは洗うと縮む。

❹ declined   c. fell
失業率は先月よりわずかに低下した。

❺ competed   d. fought
その2つの主要政党は選挙で争った。

Ⅱ

❶ You (look) (nice) in that yellow suit.

look はその後に形容詞や（代）名詞が続くと「〜に見える」という意味を表す。

❷ You should read (not) (only) comics (but) (also) novels.

not only A but (also) B で、「A だけでなく B も」という意味になる。

❸ (More) (and) (more) Japanese people are playing major league baseball.

「比較級＋ and ＋比較級」で、「ますます〜」の意味を表す。

❹ Let me know (how) (to) cook lasagna.

「how ＋ to 不定詞」は、「どのように〜すべきか」つまり「〜の仕方」の意味を表す。このような「疑問詞＋ to 不定詞」から成る名詞句には、他に what to 〜（何を〜すべきか）、where to 〜（どこで〜すべきか）、when to 〜（いつ〜すべきか）などがある。

全文訳

　時には、地方化された製品は日本人には奇妙に映ることがある。飲料メーカーのサントリーは、上海でペットボトル入りのウーロン茶を販売した最初の会社だった。彼らがその市場に参入したとき、コーラやオレンジジュースのような甘い飲み物しか市販されていなかった。発売前に調査を行うことにより、サントリーの社員たちは、中国では甘味を取るためにソフトドリンクを買う傾向にあると知った。社員たちは、無糖のお茶は人気が出ないかもしれない、と考えた。そのため、彼らは無糖のお茶だけでなく甘さを加えてあるお茶で低糖のものも販売した。このアイデアのおかげで、サントリーのウーロン茶は中国の消費者に受け入れられた。

　日本の国内市場は出生率の低下と人口の高齢化により縮小し続けており、ますます多くの日本企業が外国市場へ進出せざるを得なくなっている。こうした地方化の成功事例は、日本企業が新しい市場でどのように戦うべきかの素晴らしい例だ。

---

❶ [×]

（訳）　サントリーは、上海でペットボトル入りの無糖のウーロン茶のみを販売した。

（解説）8 〜 9行目に「無糖のお茶だけでなく甘さを加えてあるお茶で低糖のものも販売した」とあるので×。

❷ [○]

（訳）　日本の国内市場は縮小している。

（解説）11行目の記述と一致。

❸ [×]

（訳）　日本企業は外国市場に進出する必要がない。

（解説）12 〜 15行目に、「ますます多くの日本企業が外国市場へ進出せざるを得なくなっている」とある。

Round ④ Review Exercises

Ⅱ

❶ look strange to Japanese people

❷ the first company to sell oolong tea in plastic bottles

❸ only sweet drinks like cola or orange juice were available

❹ The employees thought that sugar-free tea might not be popular

❺ they sold not only sugar-free tea but also sweetened tea

Ⅲ

❶ Sometimes, localized products look ~~like~~ strange to Japanese people. ❷ Suntory, a beverage maker, was ~~a~~ the first company to sell oolong tea in plastic bottles in Shanghai. ❸ When they entered the market, only sweet drinks like cola or orange juice ~~was~~ were available at shops. ❹ By conducting research before its release, employees of Suntory found that in China people tend ~~buying~~ to buy soft drinks for their sweetness. ❺ The employees thought that sugar-free tea might not be popular. ❻ Therefore, they sold not only sugar-free tea ~~and~~ but also sweetened tea that was low in sugar content. ❼ Thanks ~~for~~ to this idea Suntory's oolong tea was accepted by Chinese consumers.

❽The Japanese domestic market has been ~~shrunk~~ shrinking ⓐ due to the declining birth rate and an aging population, and ~~fewer and fewer~~ more and more ⓑ Japanese companies are being forced to expand into foreign markets. ❾These successful cases of localization are ~~a~~ great ~~example~~ examples ⓒ for Japanese companies of ~~what~~ how ⓓ to compete in new markets.

❶ look like の後に来る品詞は名詞または代名詞で、形容詞は来ない。形容詞が来る場合は、look ＋形容詞となる。

❷ 序数詞が形容詞または名詞として使われている場合、一般に the を付けるものと覚えよう。ただし、例外もある (another [もう１つの] という意味で不特定のものを表す場合など)。

❸ 主節の主語は only sweet drinks と複数なので be 動詞は were になる。直前にある orange juice に惑わされないように注意。

❹ 「tend ＋ to 不定詞」で「～する傾向がある」という意味。この to 不定詞は動名詞には置き換えられない。

❻ not only A but (also) B で「A だけでなく B も」という意味。not only を見たら、この構文が頭に思い浮かぶようにしよう。

❼ thanks for ～は、thank you for ～の口語的な言い方で、「～ (に対して) ありがとう」という意味。ここでは、「～のおかげで」の意味を表す thanks to ～が妥当。

❽ ⓐ「日本の国内市場は縮小し続けている」という意味なので、現在完了進行形の has been shrinking が妥当。ⓑ「より少ない日本企業が外国市場への進出を強いられている」となり、「国内市場が縮小している」という文脈と合わない。

❾ ⓒ 主語の These successful cases が複数なので、補語となっている example もそれを受けて複数にする必要がある。ⓓ what to ～は「何を～すべきか」という意味だが、compete は自動詞で目的語をとらないので不適切。ここでは「どのように～すべきか」を意味する how to ～に置き換えるか、what to ～を使うなら、what to do to compete とする。

Ⅳ

❶ Takuya <u>looks happy when</u> he is eating.

❷ <u>More and more Korean singers</u> are appearing on Japanese TV.

❸ I was asked by a foreigner <u>how to get to Yokohama</u>.

Round **5** Speaking & Writing

Ⅱ (解答例)

❶ サントリーの主な製品は何ですか。

ⓐ Its major products are beverages.

ⓑ It mainly sells beverages.

❷ 何によって、サントリーのウーロン茶は中国の消費者に受け入れられたのですか。

They sold not only sugar-free tea but also sweetened tea that was low in sugar content.

Ⅲ (解答例)

Sometimes, localized products look strange to Japanese people. When Suntory started to sell oolong tea in plastic bottles in Shanghai, the employees thought that sugar-free tea might not be popular among Chinese people (who tend to buy soft drinks for their sweetness). They sold not only sugar-free tea but also sweetened tea, and their oolong tea was accepted by Chinese consumers.

Part 1 Final Exercise (解答例)

※高校生が作成した英文を、本人の許可を得て、一部修正の上掲載しています。

解答例 **❶**

　　Many Japanese companies have succeeded in foreign markets because they localized their products.

　　For example, when FamilyMart entered the Chinese market, they developed a new style of *oden* with ingredients on skewers and a larger size *onigiri* with lots of ingredients inside. These new products enabled busy Chinese people to eat while doing other things. As a result, the ready-to-eat meals were accepted by Chinese consumers.

In another example, Suntory sold two types of oolong tea in plastic bottles in Shanghai. One was sugar-free tea and the other was sweetened tea that was low in sugar content. This was because the employees of Suntory found that in China people tend to buy soft drinks for their sweetness, and the employees thought that sugar-free tea might not be popular.

Such ideas helped Japanese companies to be successful in local markets. Other companies should learn from these cases and localize their products.

解答例 ❷

To be successful in foreign markets, I think it is important for Japanese companies to adapt the traditional cultures of the countries which they try to enter.

For example, when a chain of convenience stores expand into a foreign market, I suggest that it should sell the country's traditional food at stores. In so doing, local consumers would feel more close to the stores, even if those stores originally came from a foreign country.

In the case of a fashion brand, I recommend designers do not introduce completely new designs, but change popular local styles in functional and fashionable ways. This helps people to keep their own culture while enjoying new fashion and convenience.

In conclusion, I think local consumers will accept Japanese companies quickly if the companies adapt local styles and culture when developing new products.

Round **1** Vocabulary & Useful Expressions

I

❶ Suppose   c. Imagine
あなたがスーパーヒーローだと<u>仮定してみなさい</u>（＝もしあなたがスーパーヒーローだったら）、あなたは何をしますか。

❷ am willing to   a. am ready to
お困りでしたら、<u>（快く）お手伝いしますよ</u>。

❸ suspicious   e. doubtful
われわれは、時にはメディアの報道について<u>懐疑的である</u>べきだ。

❹ reviewed   b. commented on
多くの批評家たちがその映画を<u>批評した</u>。

❺ option   d. choice
残念ながら、私には他の<u>選択肢</u>はなかった。

II

❶ We offer this coat in two colors. (One) is navy and (the) (other) is beige.

> 2 つのもの［人］がある場合、そのどちらか一方を one で表すと、残ったもう一方は特定されるので、定冠詞を付けて the other と表される。

❷ The park (was) (packed) (with) people who enjoy looking at cherry blossoms.

> be packed with 〜は「（部屋・建物などが）〜でいっぱいの」という意味。このように、形容詞の後に前置詞句が続き、形容詞の内容に関して具体的に説明する場合がある。形容詞と前置詞がどのような組み合わせで使われるか、こまめに辞書を引いて、セットで覚えよう。

❸ (What) (if) you won first prize in the lottery?

> What if 〜は慣用表現で、「〜としたらどうだろうか」という問いかけや提案を表す場合と、「たとえ〜でも構うものか」という無関心を表す場合がある。ここでは前者の意味である。なお、「宝くじで1 等が当たる」という実現可能性が非常に低い内容について述べられているので、仮定法過去が使われている。

❹ Salzburg is (where) Mozart was born.

> 関係副詞 where は、制限用法で使われる場合で先行詞を省略しても意味が明確な場合において、先行詞なしで、where だけで「〜する所」の意味を表すことができる。when や why も同様である。

Round ② Silent Reading

全文訳

　あなたがピザを食べようとしているとしよう。路上には2軒の新しいピザ専門店が隣り合っている。1軒は客でいっぱいだか、もう1軒にはほとんど誰もいない。両方ともほぼ同じ品目がメニューにあり、似たような値段である。あなたはすいている方に行くことをいとわないだろうか、それとも警戒するだろうか。もしあなたが、その人気のない方のピザ専門店が、有名なレストラン評価サイトで高く評価されていたのを読んだとしたらどうだろうか。あなたは人がいる所に行くだろうか、それとも知っていることに従うだろうか。2つ以上の選択肢があるときに、何が意思決定の過程を導くのだろうか。

---

❶ [○]

（訳）　テキストに出てくる2軒のピザ専門店は同じ地域にある。
（解説）1〜2行目に、「2軒の新しいピザ専門店が隣り合っている」とあるので○。

❷ [×]

（訳）　テキストに出てくる2軒のピザ専門店は全く違う品目がメニューにある。
（解説）3〜4行目の記述と異なる。

❸ [○]

（訳）　最後の文で、筆者は、2つ以上の選択肢があるとき、人はどのように決断を下すのかと読者に問いかけている。
（解説）最後の文（10〜12行目）の要旨と合致するので○。

Round **4** Review Exercises

II

❶ Suppose you're planning to get

❷ and the other is almost empty

❸ be willing to go to the less-crowded one

❹ What if you read that

❺ had been ranked highly

❻ What guides the decision-making process when

III

❶ Suppose you're planning ~~getting~~ to get some pizza, and there are two new pizzerias side by side on the street. ❷ One is packed ~~of~~ with [a] customers and the [b] other is almost empty. ❸ Both offer almost the same items on the menu, and have similar prices. ❹ Would you be willing to go to the less-crowded one or would you be suspicious of it? ❺ What if you read that the less-popular pizzeria had been ranked highly by a well-known restaurant reviewing website? ❻ Do you go ~~which~~ where the people are, or follow what you know? ❼ What guides the decision-making process when you have two or more ~~option~~ options?

❶ plan は動名詞を目的語にとらず、to 不定詞のみを目的語にとる。to 不定詞のみを目的語にとる動詞には、未来に向けての約束・希望・意図などを表すものが多い。

❷ ⓐ 形容詞 packed と一緒に使われる前置詞は with である。ⓑ 2 軒のレストランがあると分かっていることから、一方が one で表された場合、もう一方は特定できるので、定冠詞を付けて the other で表す。

❸ same には原則として定冠詞 the を付ける。ここでは形容詞として使われ、「同じ～」を意味している。

❹ 「be + willing + to 不定詞」で、「～することをいとわない、～しても構わない」という意味。ひとまとまりで覚えよう。

❺ ここでは、pizzeria は前述の（人気のない方の）ピザ専門店のことを表しており、特定できるので、定冠詞 the を付ける。

❻ 関係代名詞 which を使う場合は必ず先行詞が必要になる。先行詞を加えて Do you go to the pizzeria in which ～としても意味は通じるが、ここでは先行詞を省略できる関係副詞 where に書き換えるのがスマートである。

❼ 直前に two or more とあることからも、複数であることが明らかなので、options と複数形にする。

Ⅳ

❶ One of my daughters lives in Tokyo and the other lives in Sapporo.

❷ The shop was packed with foreign tourists.

❸ What if it rains tomorrow? —— The game will be canceled.

❹ This is where I met my husband for the first time.

II (解答例)

❶ テキストにある 2 つの新しいピザ専門店は、どのように違っていますか。

One is packed with customers and the other is almost empty.

❷ 筆者はその 2 つのピザ専門店のメニューと値段について、何と言っていますか。

They offer almost the same items on the menu, and have similar prices.

III (解答例と解答を導くための箇所)

What guides you to make decisions when you have two or more options?

Suppose you're planning to get some pizza, and there are two new pizzerias side by side on the street. One is packed with customers and the other is almost empty. Both offer almost the same items on the menu, and have similar prices. Would you be willing to go to the less-crowded one or would you be suspicious of it? What if you read that the less-popular pizzeria had been ranked highly by a well-known restaurant reviewing website? Do you go where the people are, or follow what you know? What guides the decision-making process when you have two or more options?

今井先生の
英語のお悩み相談室 ❸

「部活が忙しく、勉強する時間が取れません」

生徒：高3の1学期まで部活や行事が忙しく、思うように勉強の時間が取れません。夏休みからの勉強でも間に合いますか。

今井先生：結論から言いますと、高3の夏休みは、本気になって学習を開始して何とか間に合う、ギリギリの時期と言えるでしょう。というのも、志望大学に合格するためには、少なくとも準備期間が7カ月は必要だと言われているからです。ただ、国公立大学だと入試の科目数が多いのに対し、私立大学だと科目数が少なく絞って勉強することができるため、目指す大学が国公立か私立か、また志望大学のレベルとあなたの今の実力との開き具合によって、準備に必要な時間は変わると認識しておいてください。

現実的な話をしますと、部活動に力を入れてきた人は、6月の大会などの後から本格的に勉強をすることも実は多いのです。運動系の部活動を行ってきた人たちは総じて体力があり、集中力が持続しますので、短期間での伸びが期待できます。しかし、それまで何もやらなくてもよい、というわけではもちろんありません。毎日の授業を大切にして分からないところを残さないようにする、基礎的な単語や文法はしっかり覚えるなど、**部活動と両立できる範囲でも構いませんから、基礎的な能力だけでも付けておきましょう。**そうすれば、本気で取り組めば、夏休みから本格的に学習を開始したとしても、ギリギリ間に合うでしょう。

Round **1** Vocabulary & Useful Expressions

I

❶ enormously　　b. very

多くの科学者たちは、20世紀以降、地球温暖化の進行が非常に早くなっていると主張している。

❷ adopted　　d. had

その看護師は、患者に対して思いやりのある態度を取った。

❸ behavior　　c. way of acting

マサルの振る舞い（行動）はいつも私たちを驚かせる。

❹ parallels　　f. is similar to

娘さんの性格はあなたに似ていると思う。

❺ herd　　e. group

私は、カナディアンロッキーでシロイワヤギの群れを見た。

❻ destructive　　a. damaging

戦争ほど破壊的なものはない。

❼ norms　　g. rules

外国に住むときには、彼らの文化的規範を尊重しなければならない。

II

❶ The life expectancy of Japanese women is longer than (that) (of) Japanese men.

> 比較の文では、何度も同じ名詞を繰り返さないために、前に出た名詞を that や those で受け、that [those] of ～の形にすることが多い。ここでの that は the life expectancy を指す。なお、本冊 p.47 の英文 3 行目下線部の that は、behavior を指している。

❷ The boy (standing) in front of the school gate is Cathy's boyfriend.

> 分詞は形容詞の働きをし、名詞を修飾することができる。これを分詞の「限定用法」と呼ぶ。分詞が 1 語の場合は修飾する名詞の直前に置くことができるが、ここでのように、分詞が他の語句（目的語や修飾語句など）を伴って 2 語以上になる場合は、修飾する名詞の後に置いて「名詞＋分詞句」の形にする。

❸ Anger (caused) his blood pressure (to) (rise).

Unit 2 で学習した「無生物主語の構文」の別の形。「S + cause + O + to 不定詞」で、「S が O に〜させる」という意味になる。「S は O が〜する原因になる」と訳した方がよい場合もある。

Round ② Silent Reading

全文訳

　意思決定の過程は非常に複雑で、多くの要因の影響を受ける。社会心理学者たちは、時に、個人が集まると、その個人を取り巻く人々と似た行動を取ると主張する。これは「群衆行動」と呼ばれており、それにより、人々の行動は社会的に容認された様式と根本的に違ってしまうことさえある。スポーツのフーリガン行為はそのような例の1つとみなされ得る。ほとんどのスポーツファンは、1人では暴力的であったり破壊的であったりすることはないが、勝利や敗北がファンを結びつけると、高まった感情により一体感が作り出される。群衆はそれ自体が孤立した社会となり、1人が暴力的に振る舞い始めると、集団はこの新しい規範に合うように行動を変えるのだ。

---

❶ [○]

（訳）　社会心理学者たちは、個人が集まると、時にその個人を取り巻く人々と似た行動を取ると主張する。

（解説）2 〜 4 行目の記述と一致。

❷ [○]

（訳）　「群衆行動」は、時には社会的に容認されている様式から外れることがある。

（解説）5 〜 6 行目に「それ（群衆行動）により、人々の行動は社会的に容認された様式と根本的に違ってしまうことさえある」と同様の趣旨の記述があるので○。

❸ [×]

（訳）　ほとんどのスポーツファンは 1 人のとき暴力的である。

（解説）7 〜 8 行目に、「ほとんどのスポーツファンは、1 人では暴力的であったり破壊的であったりすることはない」と逆の記述があるので×。

Unit 5

Round **4** Review Exercises

Ⅱ

❶ The process of decision making

❷ adopts behavior paralleling that of the people surrounding them

❸ cause people's behavior to differ radically from

❹ Most sports fans on their own are not violent

❺ when victory or defeat brings fans together

❻ the group adjusts its behavior to match this new norm

Ⅲ

❶ The process of decision making is enormously complex, and affected by many factors. ❷ Social psychologists argue that in some ~~any~~ situations, a group of individuals adopts behavior paralleling that ~~those~~ of the people surrounding them. ❸ This is called "herd behavior," and it can even cause people's behavior to differ radically from ~~of~~ socially-accepted patterns. ❹ Sports hooliganism could be regarded as one such example. ❺ Most sports fans on their ~~them~~ own are not violent or destructive, but when victory or defeat brings fans together, their heightened emotion creates a sense of unity ~~unite~~. ❻ The crowd becomes its own isolated society, and when one person begins to behave violently ~~violence~~, the group adjusts its behavior to match this new norm.

❷ ⓐ some と any はいずれも漠然とした数量を表すが、一般的に肯定文では some が使われるのに対し、否定文や疑問文、条件節では any が使われる。この文は肯定文なので some が適当。 ⓑ ここでは、代名詞が指す名詞は不可算名詞として使われている behavior なので、複数の those ではなく that に訂正する。

❸ ⓒ cause は「S が O に～させる」という意味で使われる場合、「S + cause + O + to 不定詞」となるため、動詞 differ の前に to が必要。一方で、使役動詞 make は、「S が O に (強制的に) ～させる」となり、意味はやや似ているが、使われ方は「S + make + O +原形不定詞」となり、to が付かない。違いに注意しよう。 ⓓ ここでは間に副詞 radically が挟まっているが、differ from ～で「～と異なる」という意味。前置詞までセットで覚えよう。

❺ ⓔ on one's own で「一人で」または「独力で」という意味を表す。ひとまとまりで覚えよう。 ⓕ 「a [the / one's] sense of ＋名詞」で「～の感覚」という意味で、他には a sense of purpose (目的意識)、a sense of freedom (解放感) などのように使われる。ここでは unite が動詞なので名詞の unity に訂正する。

❻ violence が修飾すべきなのは直前の動詞 behave なので、名詞の violence ではなく、動詞や形容詞などを修飾する役割を持つ副詞の violently に訂正する。

Ⅳ

❶ Norway is almost the same size as Japan, but its population is much smaller than <u>that of Japan</u>.

❷ The bus was crowded with <u>students going home</u>.

❸ Global warming has <u>caused the polar ice to melt</u>.

Round **5** Speaking & Writing

Ⅱ（解答例）

❶ テキストの中で、スポーツのフーリガン行為はどのような例として言及されていますか。
  It is mentioned as an example of "herd behavior."

❷ どのようなときに、スポーツファンの間で一体感が生まれますか。
  A sense of unity is created when victory or defeat brings the fans together.

Ⅲ（解答例と解答を導くための箇所）

Regarding the process of decision making, social psychologists argue that in some situations, a group of individuals adopts behavior paralleling that of the people surrounding them, and this is called "herd behavior."

The process of decision making is enormously complex, and affected by many factors. Social psychologists argue that in some situations, a group of individuals adopts behavior paralleling that of the people surrounding them. This is called "herd behavior," and it can even cause people's behavior to differ radically from socially-accepted patterns. Sports hooliganism could be regarded as one such example. Most sports fans on their own are not violent or destructive, but when victory or defeat brings fans together, their heightened emotion creates a sense of unity. The crowd becomes its own isolated society, and when one person begins to behave violently, the group adjusts its behavior to match this new norm.

今井先生の
英語のお悩み相談室 ❹

「過去問題はいつごろやるのがよいでしょうか」

生徒：志望大学の過去問題はいつごろやるのがよいでしょうか。また、過去問題以外には、どのように入試対策をすべきでしょうか。

今井先生：過去問題に取り組むということは、スポーツに例えて言えば、入試という本番に備えて練習試合をするということです。**基礎練習や部分練習をしないでいきなり練習試合をしても、あまり良い結果は得られません。**英語で言えば、語彙や文法・語法を覚え、音読、暗写によって読解やリスニングを鍛えるなど、基礎練習を十分に行ってから過去問題に取り組んでください。

そうした準備段階を終了するのは早ければ早いに越したことはありませんが、遅くとも高3の5月までには終わらせましょう。高

3の6月からは練習試合として過去問題を解いてみるとよいでしょう。自分が受験する大学の試験の傾向が分かり、具体的な対策を考えることができます。

過去問題をやり始めても、自分がどの程度の点数が取れるかということばかりに気を取られないようにしましょう。問題を解いて満足するのではなく、復習に時間をかけ、しっかりと細部まで読み込むことが大切です。

その一方で、頭からある程度のスピード感を持って読む速読も大切ですが、過去問題は必ずしも速読に適しているとは言えません。過去問題の他にも、多くの英文に触れましょう。内容の深い文献を数多く読むことで、あなたの英語力はさらに向上するでしょう。

Unit **6**

Round **1** Vocabulary & Useful Expressions

Ⅰ

❶ authority   c. power
指導者は権威を持って行動しなければならない。

❷ figure   b. person
チンギスハンはモンゴルの歴史において重要な人物だ。

❸ spurred   e. pushed forward
中東の幾つかの国々では、インターネットの利用が政治的な変革に拍車をかけた。

❹ heading   d. going
1912年、R.M.S.タイタニック号はニューヨークに向かっていた。

❺ assumed   a. thought
私はオーエンがアメリカ人かと思ったが、彼はカナダ人だ。

Ⅱ

❶ English (plays) (an) important (role) (in) international communication.

> play a（～）role in ... は、「…において（～な）役割を果たす」という意味。このように「動詞＋名詞＋前置詞」で 1 つの他動詞の役割をすることがある。他の例としては、pay attention to ～（～に注意を払う）、take part in ～（～に参加する）などがある。

❷ The reduced tax rates (apply) (to) any eco-friendly car.

> apply to ～は、「～に当てはまる［適用される］」という意味。apply を使った表現としては、apply（to ～）for ...（［～に］ …を申し込む）もあり、両方ともよく使われるので、違いに注意して覚えよう。

❸ (None) (of) my classmates attended the summer session.

> 「none of +（代）名詞」で「～のどれも［誰も］…ない」という意味。続く（代）名詞が複数の場合は単数・複数の両方の扱いができるが、of の後に不可算名詞が来る場合は単数扱いとなる。

全文訳

メディアもまた権力者のような働きをすることによって、意思決定において強力な役割を果たすことがある。これはニュースのような公的な情報源にのみ当てはまるのではなく、新しい健康食品や製品を特集し、人々が突然それを買いに店に押し寄せるように仕向けるテレビ番組や雑誌にさえも言えるのである。ソーシャルネットワーキングサービスやブログのおかげで、いよいよこうした情報は驚くべき速さで広がるようになってきている。これらの情報源はいずれも偏りがないとは言えないが、人はしばしば最も目立つ意見がまた最も一般的なものであると思い込み、それに基づいて決断を下す。混んでいるピザ専門店は本当に最も良い選択なのだろうか。そうかもしれない。しかしまた一方で、それは最も一般的なものであるにすぎないかもしれないのだ。

---

❶ [○]

（訳）　テレビ番組や雑誌はわれわれの意思決定の過程に影響を及ぼすことがある。

（解説）2 ～ 4行目の記述と一致。なお、2行目でThis not only applies to ～とあるところのThis は、その前の文全体で述べている「メディアが権力者のように働き、意思決定において強力な役割を果たす」ことを指している。

❷ [○]

（訳）　ソーシャルネットワーキングサービスとブログは、情報がとても速く広まるのを手助けする。

（解説）6 ～ 8行目の記述と一致。

❸ [×]

（訳）　人々はたいてい最も目立つ意見に基づいて決断を下すことはしない。

（解説）8 ～ 11行目に、「人々はしばしば最も目立つ意見がまた最も一般的なものであると思い込み、それに基づいて決断を下す」と逆の記述があるので×。

Unit 6

Round 4 Review Exercises

II

❶ can also play a powerful role in decision making

❷ not only applies to official information sources such as the news

❸ of people heading to the stores to buy it

❹ can spread with surprising speed thanks to

❺ None of these sources are free of bias

❻ and base their decisions on that

III

❶ The media can also ~~make~~ play a powerful role in decision making by acting as a kind of authority figure. ❷ This ~~only~~ not [a] applies to official information sources such as the news, but even to television shows or magazines featuring a new health food or product, spurring a sudden rush of people ~~head~~ heading [b] to the stores to buy it. ❸ Increasingly, this kind of information can spread with surprising speed thanks ~~on~~ to social networking services and blogs. ❹ ~~Not~~ None [c] of these sources are free of bias, but people often ~~assumes~~ assume [d] that the loudest opinion is also the most common one, and base their decisions on ~~those~~ that [e]. ❺ Is the busy pizzeria really the [f] best choice? ❻ It might be. ❼ But then again, it might just be the most common one.

❶ play a（〜）role in ... で、「…において（〜な）役割を果たす」という決まり文句。ひとまとまりで覚えよう。なお、ここでは、have a powerful role in 〜とすることも可能。

❷ ⓐこの文では、後半に but があることや文脈から、not only A but（also）B（A だけでなく B も）の構文であると分かるので、not を加える。also が省略されていても、構文が見抜けるようにしよう。ⓑここでは「それを買うために店に向かう人々」という意味なので、head を現在分詞にすれば、heading に導かれる句が people を修飾する関係になり、意味が通る。

❸ thanks to 〜で「〜のおかげで」という意味。

❹ ⓒnot は副詞なので文の主語にはなれない。代名詞の none に訂正する。ⓓassume の主語は people なので、3 人称単数現在の assumes ではなく、assume とする。ⓔここでは代名詞は the loudest opinion が言い換えられたものなので、複数の those ではなく単数の that にする。it も可能。

❺ ここでのように、名詞を直接修飾する用法（限定用法）の形容詞の最上級には通常 the を付ける。ただし、形容詞を補語の位置に置いて名詞の状態などを述べる場合（叙述用法）で同一（人）物の性質や状態などを比較する場合は、通常 the を付けない（例：Last week, I was busiest on Monday.［先週は、月曜日が一番忙しかった］）。英作文などで形容詞の最上級を使う場合は、the か必要あるかどうか確認するようにしよう。

Ⅳ

❶ The space shuttle <u>had played an important role</u> in space development until 2011.

❷ The 50-percent discount on airfare <u>applies to children under 12</u>（years of age）.

❸ <u>None of these computers</u> are working.

Round **5** Speaking & Writing

II （解答例）

❶ 何によって、人々は新しい健康食品や製品を買いに突然店に押し寄せるのですか。

It is caused by the media, such as television shows or magazines, featuring a new health food or product.

❷ ニュースとテレビ番組と雑誌の他に、情報が迅速に伝わることに寄与するものは何ですか。

Social networking services and blogs.

III （解答例と解答を導くための箇所）

People often base their decisions on the loudest opinion created by the media and spread by social networking services and blogs, even though none of these sources are free of bias.

The media can also play a powerful role in decision making by acting as a kind of authority figure. This not only applies to official information sources such as the news, but even to television shows or magazines featuring a new health food or product, spurring a sudden rush of people heading to the stores to buy it. Increasingly, this kind of information can spread with surprising speed thanks to social networking services and blogs. None of these sources are free of bias, but people often assume that the loudest opinion is also the most common one, and base their decisions on that. Is the busy pizzeria really the best choice? It might be. But then again, it might just be the most common one.

Part 2 Final Exercise （解答例）

※高校生が作成した英文を、本人の許可を得て、一部修正の上掲載しています。

解答例 ❶

I would rather go to the less-crowded pizzeria. There are two reasons why I would choose it.

First, I want to eat something which many people haven't tried. I don't think it is interesting to eat the same thing many people have eaten before. I would like to find something good from a shop which isn't widely known.

Second, a popular restaurant does not always serve good food. People sometimes act, influenced by other people around them without thinking of whether they are trustworthy. They may have chosen the restaurant just because it is popular, and not because the food is good.

Because of these points, I would rather go to the less-crowded pizzeria.

解答例 ❷

If I were planning to get some pizza, I would like to go to the less-crowded pizzeria. I have two reasons why I prefer the less-crowded one.

First, I don't like waiting even for a short time. If a pizzeria is packed with customers, I have to wait for a long time and I cannot feel relaxed even after I've gotten a seat. I would like to avoid situations like this.

Second, I usually care about the atmosphere of a restaurant rather than the number of customers, or the reviews available in the media or on the Internet. It doesn't matter for me how popular the pizzeria is.

The most important thing is whether it suits me or not. So I think any pizzeria is fine, but if I have to compare them, I'd prefer the less-crowded one.

Unit 7

Round 1 Vocabulary & Useful Expressions

I

❶ frequently　　f. often
この俳優はたびたびテレビに出演しているが、私は彼の名前を今でも覚えられない。

❷ ancient　　d. old
古代ギリシャでは、アテネとスパルタが最も強力な都市国家だった。

❸ fascinates　　e. interests
モーツァルトの音楽は今日でも私たちを魅了する。

❹ medication　　a. drugs
私は血圧を下げるために薬（服薬）が必要だ。

❺ exceed　　c. are over
制限速度を超えると罰金が科せられることがある。

❻ corresponding　　b. matching
20歳になると、成人の権利とそれに相応する義務の両方を得る。

II

❶ This homework (must) (be) (done) by Monday.

助動詞を含む文を受動態にする場合は、「助動詞＋ be ＋過去分詞」とする。助動詞の後なので be 動詞は原形になることに注意。

❷ My brother (no) (longer) needs training wheels when he rides a bicycle.

no longer 〜は否定語を用いた慣用表現の 1 つで、「もはや〜ない」という意味を表す。not 〜 any longer も同じ意味になる。

❸ The amount of y varies (in) (proportion) (to) that of x.

in proportion to 〜で、「〜に比例して」という意味である。

全文訳

　図1はシグモイド曲線を示している。「シグモイド」とは、ギリシア文字シグマの小文字（ς）、あるいはラテン語の文字のSに似ていることを意味する。シグモイド曲線は、自然界にたびたび出現し、S字曲線とも呼ばれる。それは古代の装飾芸術、ギリシャの花瓶、太極図に見られる。その形状は、何千年にもわたって、芸術家、学者、工芸家たちを魅了してきた。

　シグモイド曲線の1つの例は、用量反応曲線である。用量反応曲線とは、投薬による効果を示すものである。投薬量が非常に少ない段階では、薬の効果は限られる。投薬量がある一定量を超えると、応じた効果があらわれる。投薬量があまりに多いと、その効果はそれ以上、投薬に比例して上がらなくなるのである。

---

❶[×]

（訳）　シグモイド曲線は、V字曲線と呼ばれている。

（解説）4行目に、「S字曲線とも呼ばれる」という記述があるので×。

❷[○]

（訳）　シグモイド曲線は、古代の装飾芸術とギリシャの花瓶の両方に見られる。

（解説）4〜5行目の記述と一致。

❸[×]

（訳）　用量反応曲線は、常に投薬量に比例して、それに応じた薬の効果があらわれることを示す。

（解説）13〜16行目に、「投薬量があまりに多いと、その効果はそれ以上、投薬に比例して上がらなくなる」とあるので×。

Round **4** Review Exercises

Ⅱ

❶ appears frequently in the natural world and is also called

❷ can be seen in ancient decorative art

❸ has fascinated artists, scholars and craftsmen

❹ shows the effectiveness of medication

❺ If the dosage amount exceeds a certain amount

❻ the effect no longer increases in proportion to the dosage

Ⅲ

❶ Figure 1 shows a sigmoid curve. ❷ "Sigmoid" means

resembling the lower-case Greek letter sigma (ς) or the Latin

letter S. ❸ The sigmoid curve appears ~~frequent~~ frequently in the natural

world and is also called ~~a~~ an S-shaped curve. ❹ It can be seen in

ancient decorative art, ~~Greece~~ Greek vases and the Yin and Yang symbol.

❺ The shape has fascinated artists, scholars and craftsmen for

~~thousand~~ thousands of years.

❻ One example of a sigmoid curve is a dose-response curve.

❼ The dose-response curve shows the effectiveness of medication.

❽ If the dosage amount is very ~~law~~ low, a drug's effect is limited. ❾ If

the dosage amount exceeds ~~at~~ a certain amount, its corresponding effect will appear. ❿ If the dosage amount is too much, the effect

no longer ~~increase~~ in proportion ~~of~~ the dosage.

increases（c）　to（d）

❸ ⓐ frequent は形容詞または動詞なので、動詞の appear を修飾できない。副詞の frequently に訂正する。ⓑ 不定冠詞は、次に来る語の発音が母音で始まる場合、an を付ける。

❹ 「ギリシャの花瓶」という文脈に合った意味にするためには、名詞の Greece を形容詞の Greek に訂正する。

❺ 「thousands of ＋名詞」で「何千もの～」、「hundreds of ＋名詞」で「何百もの～」という意味。どちらも s を付ける。

❽ law は「法律」という意味の名詞または「訴訟を起こす」という意味の動詞。low とはつづりも発音も違うので注意しよう。

❾ exceed は「～を超える」という意味で使われる場合、他動詞として使われるため、動詞のすぐ後に目的語をとる。前置詞は必要ない。

❿ ⓒ この文での主語は 3 人称単数の the effect なので、動詞も対応させて increases とする。間に挟まる no longer に惑わされないように注意しよう。ⓓ 「～に比例して」を表す in proportion to ～に訂正する。

Ⅳ

❶ The book will be published next month.

❷ I can no longer wear this skirt because I gained weight.

❸ You will get a bonus in proportion to your salary.

Round ⑤ Speaking & Writing

Ⅱ (解答例)

❶ 「シグモイド」とは何を意味していますか。

It means resembling the lower-case Greek letter sigma or the Latin letter S.

❷ 用量反応曲線は何を表しますか。

It shows the effectiveness of medication.

Ⅲ (解答例と解答を導くための箇所)

シグモイド曲線は、自然界に (たびたび出現する) 形状であり、(何千年) もの間、さまざまな人々を (魅了してきた)。

Figure 1 shows a sigmoid curve. "Sigmoid" means resembling the lower-case Greek letter sigma (ς) or the Latin letter S. The sigmoid curve appears frequently in the natural world and is also called an S-shaped curve. It can be seen in ancient decorative art, Greek vases and the Yin and Yang symbol. The shape has fascinated artists, scholars and craftsmen for thousands of years.

今井先生の
英語のお悩み相談室 ❺

「文の構造が分からないときがあります」

生徒：英文法は一通り理解し、文法問題も解けるのですが、いざ長文を読もうとすると文の構造がよく分からず意味が取れないときがあります。どうすればよいでしょうか。

今井先生：文法問題が解けるからと言って、文の構造が理解できているとは限りません。例えば、文法の穴埋め問題は、熟語や構文に使われる単語が分かっていれば、解けてしまうことがあります。しかし、英文を読んで即座に理解したり、英語で発信したりするためには、文を一から作れるだけの熟語力・構文力が必要になります。

　例えば、but、only、not、also の 4 つの英単語の意味は誰でも知っているでしょう。

しかし、英文を読んだり書いたりするためには、この英単語が、not only ～ but also ...の語順になると、「～だけではなく、…もまた」という意味になることを知っていてなおかつ自分でも使えなければなりません。こうした事柄は辞書にも書いてありますし、重要な構文だけをまとめた構文集もあるので、集中的に学ぶとよいでしょう。また、**学んで理解したら、自分でその熟語や構文を使って英文を作ってみるなど、定着を目指して学習することが大切です。**そうした学習を繰り返すうちに、長文の中でも瞬時に熟語や構文を見分ける力が身に付き、複雑な英文も読み解けるようになるでしょう。

Round ① Vocabulary & Useful Expressions

Ⅰ

❶ application　　c. use
ロボット技術の幅広い応用が期待されている。

❷ combine　　f. link
水素原子2つと酸素原子1つを結合させると水が得られる。

❸ infancy　　g. early childhood
幼児期には、人間は手厚い世話を必要とする。

❹ maturity　　a. adulthood
ジャイアントパンダは、4〜6歳で成熟期に達する。

❺ depicted　　d. shown
この絵画には、その芸術家の複雑な心情が描かれている。

❻ eternal　　b. endless
誰でも永遠の若さを欲しがるものだ。

❼ intensified　　e. increased
そのNPOは発展途上国への支援を強化した。

Ⅱ

❶ That work was (beyond) the level of a high school student.

前置詞 beyond は「〜（の範囲）を超えて」という意味。転じて、「〜できない」という否定の意味を表すこともある。（例）This math problem is beyonod my ability to understand.（この数学の問題は私の理解の範囲を超えている＝私には理解できない）

❷ (As) (seen) in this picture, there are numerous craters on the moon.

「as ＋過去分詞」で「〜されるように」という意味を表す。この表現は、書き言葉でよく使われる。

❸ I lost all the data (due) (to) the computer problem.

due to 〜は「〜のために」という意味で、原因を表す前置詞のように使われる。このように、2つ以上の語が集まって1つの前置詞として働くものを、群前置詞という。

全文訳

シグモイド曲線の応用は、芸術や科学にとどまらない。図2に示されるように、2つの左右対称のシグモイド曲線を組み合わせて、人生のサイクル（幼年期、成熟期、老年期）を表すことができる。このパターンは、誕生、成長、成熟、老化、死の人生のサイクルを示唆している。

シグモイド曲線は、恋愛、人間関係、あるいは製品や会社のライフサイクルとも関連している。

例えば、製品のライフサイクルは、時間経過とともに図2にあるものと似た曲線を描く。製品が市場に投入された直後は、認知されるのに時間がかかり、販売数の伸びは緩やかである。一定の時間が経過した後、販売数が伸び始めるが、それも永遠には続かない。いずれは競争の激化などにより、販売は減少するであろう。

---

❶ [×]

（訳）　シグモイド曲線は、芸術や科学にのみ応用可能である。

（解説）1 ～ 2行目に、「シグモイド曲線の応用は、芸術や科学にとどまらない」とあるので×。

❷ [○]

（訳）　2つの左右対称のシグモイド曲線を組み合わせると、人生のサイクルを表すのに使うことができる。

（解説）2 ～ 3行目の記述と一致。

❸ [×]

（訳）　競争が激化するとき、製品の販売数は増える。

（解説）14 ～ 16行目に、「競争の激化などにより、販売は減少するであろう」とあるので×。

Round ④ Review Exercises

II

❶ goes beyond art and science

❷ can be combined to represent the cycle of life

❸ also relates to love, human relationships

❹ Just after the product is brought to the market

❺ due to the amount of time it takes to build recognition

❻ the sales increase begins but is not eternal

❼ due to intensifying competition

III

❶ The application of a sigmoid curve goes beyond art and science. ❷ As show [shown^a] in Figure 2, two symmetric sigmoid curves can be combined to represent the cycle of life: infancy, mature [maturity^b] and old age. ❸ This pattern suggests the life cycle of birth, grow, [growth] maturity, aging and death.

❹ The sigmoid curve also relates on [to] love, human relationships, or the life cycle of a product or company. ❺ For example, the life cycle of a product depicts a curve similar with [to] the one in Figure 2 over time. ❻ The product is brought to the market, just after its sales increase slowly due to the amount of [the] [Just] time it takes to build recognition. ❼After a certain amount of

time has passed, the sales increase ~~begin~~ begins but is not eternal. ❽The

sales will decrease at some future time due to^(V:) intensifying

competition and so on.

❷ ⓐ「図 2 に見られるように」という意味なので、As shown in 〜とする。ⓑ ここでは人生のサイクルにおける時期を表す名詞が列挙されている。mature は形容詞または動詞のため、名詞の maturity に訂正する。

❸ 上記の ⓑ と同様、名詞が列挙されている中に動詞の grow が紛れている。なお、aging はここでは「老化」という意味で名詞として使われており、そのままで問題はない。

❹ relate to 〜で、「〜に関係がある」という意味。ひとまとまりで覚えよう。

❺ similar to 〜で「〜に似ている」という意味。これもひとまとまりで覚えよう。

❻ 文脈から判断すると、「製品が市場に投入された」後に「販売数が緩やかに伸びる」となるべきだが、ここでは前後関係が逆になっているので訂正する。

❼ 主文の主語は the sales increase で 3 人称単数のため、動詞は begins が適当。

❽ due は単独では「到着予定で」「支払期限のきた」などの意味を表す形容詞である。群前置詞として「〜のために」という意味を表したい場合は、due to 〜とする。

Ⅳ

❶ Japanese food <u>has spread beyond</u> its national borders.

❷ The music festival <u>went smoothly as planned</u>.

❸ The flight was canceled <u>due to the bad weather</u>.

Round **5** Speaking & Writing

Ⅱ （解答例）

❶ 人生のサイクルにおいては、シグモイド曲線の頂点は、何を意味していますか。

It means maturity.

❷ 製品のライフサイクルを示すのに利用される場合、シグモイド曲線の末尾は何を表しますか。

It shows that the sales will decrease at some future time due to intensifying competition and so on.

Ⅲ （解答例と解答を導くための箇所）

シグモイド曲線は（科学）や（芸術）を超えて応用可能であり、2つの左右対称のシグモイド曲線を組み合わせると（人生のサイクル）を表すことができる。

The application of a sigmoid curve goes beyond art and science. As shown in Figure 2, two symmetric sigmoid curves can be combined to represent the cycle of life: infancy, maturity and old age. This pattern suggests the life cycle of birth, growth, maturity, aging and death.

今井先生の
英語のお悩み相談室 ❻

「2次試験の英作文対策はどうしたらよいでしょうか」

生徒： 国公立大学志望です。2次試験で英作文があるのですが、いつごろからどのような対策をすればよいでしょうか。

今井先生： 国公立大学では、自由英作文のような長めの英作文問題が出題されることもよくありますね。早いうちから意識的に勉強する必要があります。と言っても、最初から長い文章を書こうとしても難しいと思います。高1の段階では、教科書で一度学習した英文について、日本語から英語に直す練習をするとよいでしょう。それができるようになったら、問題集などを使って、日本語の短文を英語に直す作業に進みます。**短文の英作文を行うことで、英語の基礎力が鍛えられ、英語力全体が向上します。そうすれば、長めの英**作文問題に対応する基礎ができるでしょう。自由英作文の練習は、その後でも間に合います。

　しかし、今高3で、そうした練習を積んでこなかったとしても、諦めることはありません。自分のレベルに合った、易しい問題集を使って毎日英作文に取り組めば、必ず英作文の力はアップします。やはり最初は短文の英作文から学習しましょう。日記を英語で書くことも効果があります。一番良くないのは、「英作文は難しい」と言って勉強することを放棄してしまったり、部分点を狙って適当な英文を書いたりすることです。「急がば回れ」ということわざが表すように、着実に学習を重ねましょう。

Unit 9

Round 1 Vocabulary & Useful Expressions

I

❶ graphical　　e. visual
図表のような図式を用いた情報を幾つかレポートに盛り込むべきだ。

❷ representation　　b. description
この絵画は理想的な世界を象徴的に表したものである。

❸ upward　　f. rising
石油の価格は上昇(の)傾向にある。

❹ acceleration　　c. increasing speed
世界の首脳たちは地球温暖化の加速について危機感を共有すべきだ。

❺ progression　　a. development
その病気の進行を遅らせるための新薬が発見された。

❻ chaos　　d. confusion
幾つかの事故が同時に起こったせいで、交通は大混乱に陥っていた。

II

❶ The United Kingdom (consists) (of) England, Scotland, Wales and
Northern Ireland.

「〜から成る」という意味を表す consist of 〜のように、動詞（自動詞）と前置詞が結びついて１つ
の他動詞の働きをするものがある。

❷ I (think) (of) Noriko (as) my best friend.

think of 〜 as ... で、「〜を…と思う［みなす］」という意味になる。

❸ (The) (higher) the mountain is, (the) (more) I want to climb it.

「the ＋比較級 〜 , the ＋比較級 ...」で、「〜すればするほどますます…」という意味。

全文訳

　図3に示されるように、幾つかのシグモイド曲線を組み合わせて学習曲線を形成することができる。学習曲線とは、一定期間における学習効果をグラフで表したものである。最初は緩やかで、その後上方に加速し、プラトーに至る。一般にわれわれは、学習曲線を一本調子で上昇するものと考えるが、実はむしろ山あり谷ありに近いのである。

　われわれの多くは、学習とは安定して上昇する局面だけであると誤解している。しかし、深い学習はしばしば「スランプ」と呼ばれる谷の部分で行われるのである。例えば、英単語をたくさん覚え過ぎると、カオスに陥ったり、一時的に混乱したりするかもしれないが、より多くの単語を記憶する能力は、この過程を経て向上するであろう。谷が深ければ深いほど、より多くの学習が可能になるのである。

　このように、シグモイド曲線は、数学上の記号であるだけでなく、日常生活における経験とも関連しているのである。

---

❶ [○]

（訳）　学習曲線は、一定期間にどのように学習が進むかを表す。

（解説）2 〜 4行目に、「学習曲線とは、一定期間における学習効果をグラフで表したものである」と同様の趣旨の記述があるので○。

❷ [×]

（訳）　われわれの多くは、学習の過程には起伏があると信じている。

（解説）5 〜 6行目の「一般にわれわれは、学習曲線を一本調子で上昇するものと考える」という記述に反するので×。

❸ [×]

（訳）　シグモイド曲線は、日常生活における経験と関係がない。

（解説）16 〜 18行目の記述に反するので×。

PART 1

Round 4 Review Exercises

II

❶ a graphical representation of the effect of learning

❷ consists of a slow beginning, then an upward acceleration

❸ we think of the learning curve as

❹ the mistaken view that learning consists of a steady upward progression

❺ learning too many English words may result in chaos

❻ The deeper the valley is, the more we can learn

III

❶ As shown in Figure 3, several sigmoid curve~~curve~~ can be combined to form a learning curve. ❷ A learning curve is a graphical representation of the effect of learning for a given period. ❸ It consists of~~in~~ a slow beginning, then an upward acceleration, continuing into a plateau. ❹ Generally we think of the learning curve as a simple upward curve, but it is ~~they are~~ actually more like peaks and valleys.

❺ Many of~~us~~ hold the mistaken view that learning consists of a steady upward progression only. ❻ However ~~Therefore~~, deep learning often takes place in the valley called a "slump." ❼ For example, learning too many English words may result in chaos or temporary turbulence, but the ability ~~to~~ remember more words will improve

through this process. ❽ The ~~deep~~ deeper the valley is, the more we can

learn.

❾ Thus a sigmoid curve is not only a mathematical symbol but also

relates to experiences in daily life.

❶ several は可算名詞の複数にのみ用いられるということと、文脈から判断して、curve を複数形
にしなければならない。

❷ period は可算名詞なので冠詞が必要。ここでは不特定の期間を指しているので、不定冠詞 a を
用いる。過去分詞 given が period を修飾し、「与えられた（＝一定の）期間」という意味を表す
名詞句になっているので、for given a period などとしないこと。

❸ consist in ～は「～にある」という意味。ここでは、「～から成る」という意味を表す consist of
～が妥当。

❹ 単数の the learning curve を受けるのは、they are ～ではなく it is ～である。

❺ many には形容詞の用法もあるが、ここでは「私たちのうちの多くの人々」という意味で名詞とし
て使用され、many of us となる。many we や many us とは言わないので注意が必要。

❻ Therefore は「～。従って…」といった、前述の内容から想定される結果を導く副詞。ここでは
Many of us ～の文に対して deep learning often takes place ～の文は異なる考えを述べてい
るので、「しかしながら」という意味を表す However が適当。

❼ 「(the / an) ability + to 不定詞」で「～できる能力」という意味。remember の前に to を入れ
ることにより、to 不定詞が直前の名詞 ability を説明する「同格」の関係が成り立つ。

❽ 「the ＋比較級 ～ , the ＋比較級 …」で「～すればするほどますます…」という意味。ひとまとま
りで覚えよう。

❾ not A but B は「A ではなくて B」という意味だが、シグモイド曲線は数学上の記号でもあるので、
ここでは不適切。また、but の後に also があることからも、この構文は当てはまらない。not
only A but also B（「A だけでなく B も」）なら文脈上当てはまる。

Ⅳ

❶ My class consists of 38 students.

❷ My sister thinks of herself as beautiful.

❸ The more you study, the better a grade you can get.

Round **5** Speaking & Writing

II （解答例）

❶ 学習曲線において、谷は何と呼ばれていますか。

It is called a "slump."

❷ その谷がとても深いとき、何が起こりますか。

We can learn more [a lot].

III （解答例と解答を導くための箇所）

幾つかの（シグモイド曲線）を組み合わせて、（学習効果）を表す学習曲線を作ることもできる。

As shown in Figure 3, several sigmoid curves can be combined to form a learning curve. A learning curve is a graphical representation of the effect of learning for a given period. It consists of a slow beginning, then an upward acceleration, continuing into a plateau. Generally we think of the learning curve as a simple upward curve, but it is actually more like peaks and valleys.

IV （解答例）

自然界にたびたび出現するシグモイド曲線は、人生のサイクルや学習効果を表すこともできるなど、単なる数学上の記号ではなく、日常生活における経験とも関わっている。（78 字）

※高校生が作成した英文を、本人の許可を得て、一部修正の上掲載しています。

解答例 ❶

Sigmoid curves appear frequently in the natural world. "Sigmoid" means resembling the lower-case Greek letter sigma or the Latin letter S. It is not only a mathematical symbol but also relates to experiences in daily life.

By combining several sigmoid curves, we can form a learning curve. It consists of a slow beginning, then an upward acceleration, continuing into a plateau. As this learning curve shows, learning does not consist of a steady upward progression only. When you continue to learn, you often feel a "slump." In the learning curve, a slump is shown as a valley. It is an important process because the deeper the valley is, the more we can learn.

解答例 ❷

A sigmoid curve is a mysterious graph and closely related to many natural phenomena and experiences in daily life. "Sigmoid" means resembling the lower-case Greek letter sigma or the Latin letter S. It is sometimes called an S-shaped curve.

A sigmoid curve can be used to show how the taste of a saline solution changes. When the concentration is very low, we feel it is a little salty and this feeling does not change even if some salt is added to it. But after its concentration reaches a certain point, we start to taste how salty it is in proportion to its concentration. After a lot of salt is added, however, we cannot taste whether or not it is more salty even if the amount of salt added increases.

Unit 10

Round 1 Vocabulary & Useful Expressions

I

❶ features　　a. characteristics
日本の伝統劇には幾つかの独自の特徴がある。

❷ various　　e. many kinds of
この公園では、さまざまなアクティビティーが楽しめる。

❸ companion　　d. friend
ミユキは私にとって良い仲間だ。

❹ reflected　　b. showed
カオリの表情は彼女がいかに幸せかを表していた。

❺ resembles　　c. looks like
ヨウコは外見が姉に似ている。

II

❶ This dictionary is very convenient (in) (that) it contains many useful example sentences.

in that ～は、「～の点で」または「～であるから」という意味を表す。

❷ These flowers are (rarely) seen in Japan.

rarely や seldom は「めったに～ない」という意味で、頻度が非常に低いことを表す。このような表現を「準否定」とも言う。近い表現に、hardly や scarcely（ほとんど～ない）がある。

❸ I can't believe the news (that) my favorite singer was severely injured.

名詞の内容を、それに続く that 節が説明する場合があり、これを「同格」の関係という。ただし、ここで出てきた news や fact、idea など、同格の that と結びつく名詞は限られている。

❹ This antique plate is (worth) two hundred dollars.

「worth ＋名詞・動名詞」で「～の値打ちがある」または「～（する）に値する」という意味。

全文訳

プレタ・プレチーニャはブラジルにある人形制作会社です。その店は、さまざまな身体的特徴を持つ人々や、民族的、宗教的あるいは社会的背景が異なる人々の人形を制作して販売しているという点でユニークです。幾つかの人形は、車いすに座っていたり、松葉づえを持って立っていたりします。他のものは、さまざまな宗教や民族集団の伝統的な衣服を身に着けています。そうした多様性は、他の店ではめったに見られません。その店はアントニア・ジョイセ・ベナンシオとその姉妹たちによって経営されています。彼女たちは、子どもたちにとって人形は自分自身の鏡であり、最も親しい仲間にもなり得るという、強い信念を持っています。彼女たちは、どの子どもにも、自己イメージを肯定的に反映した人形を持つ機会があるべきだと感じているのです。その店は訪れる価値があります。誰でも彼または彼女自身に似た人形を見つけることができるのです。

---

❶［×］

（訳）　プレタ・プレチーニャは人形を作る会社だが、販売はしていない。

（解説）1 〜 2 行目に、「その店（プレタ・プレチーニャ）は人形を制作し、販売している」とあるので×。

❷［○］

（訳）　プレタ・プレチーニャには、異なる身体的特徴を持つ人々の人形がある。

（解説）1 〜 3 行目の記述と一致。

❸［○］

（訳）　アントニアとその姉妹たちは、すべての子どもたちに肯定的な意味で自分たちに似た人形を持つ機会があるべきだと信じている。

（解説）11 〜 13 行目の記述と一致。

Unit 10

Round 4 Review Exercises

II

❶ in that it makes and sells dolls of people

❷ from different ethnic, religious or social backgrounds

❸ Others wear traditional clothing of various religious and ethnic groups

❹ is rarely seen in other stores

❺ a strong belief that for children, dolls are a mirror of their own being

❻ that reflects their self-image

III

❶ Preta Pretinha is a doll-making company in Brazil. ❷ The
shop is unique in that~~it~~ ᵃ makes and sells dolls of people with a wide
range of physical features, and from different ethnic, ~~religion~~ religious ᵇ or
social backgrounds. ❸ ~~Any~~ Some of them sit in a wheelchair or stand
with crutches. ❹ Others wear traditional clothing of various
religious and ethnic ~~group~~ groups. ❺ Such variety is rarely seen in other
stores. ❻ The shop is ~~ran~~ run by Antonia Joyce Venancio and her
sisters. ❼ They have a strong belief ~~as~~ that for children, dolls are a
mirror of their own being and can also be the closest companions.
❽ They feel ~~all~~ every ᶜ child should have a chance to own a doll that ~~reflect~~ reflects ᵈ

their self-image in a positive way. ❾ The shop is worth a visit;
everyone can find a doll ⌄that resembles him- or herself.

❷ ⓐ in that ～は節を導くので、主語が必要。ここでは The shop を受けて it が that 節の主語になる。ⓑ religion は backgrounds を修飾する位置にあるが、名詞は一般的には名詞を修飾できない（ただし、特殊用法として、名詞が名詞を修飾する場合もある）ため、形容詞 religious とする。

❸ any と some は共に漠然とした数量を表す代名詞または形容詞だが、some が主に肯定文で用いられるのに対し、any は主に否定文や疑問文、条件節などで使われる。この場合は肯定文なので some が適当。

❹ 「さまざまな宗教や民族集団」とあることから、group は 1 つでないことが分かるので複数にする。

❻ run の過去分詞形は run である。

❼ belief とその後の節は「～という信念」の意味を表す同格の関係。名詞の直後に置いて同格を表すことができる接続詞は that である。

❽ ⓒ 「all ＋名詞」で「すべての～」という意味を表す。all の直後に来る名詞が可算名詞の場合、その名詞を複数形にする必要がある。ここでは、all children と言うこともできる。一方で、every は単数名詞と共に用いられ、3 つ以上のものについて、「あらゆる～」「～はどれ［だれ］もみな」という意味を表す。ⓓ 関係代名詞 that の先行詞は 3 人称単数の a doll なので、動詞は reflects とする。

❾ resembles him- or herself は a doll を修飾する内容なので、その直前に関係代名詞 that が必要。目的格の関係代名詞は省略されることがあるが、この場合のように、主格の関係代名詞は基本的に省略できない。

Ⅳ

❶ Living in a college dormitory is very appealing in that I can make many friends.

❷ My father rarely scolds me.

❸ I don't agree with my parents' idea that I should come home by six o'clock.

❹ Kazuya's suggestion is worth consideration.

Round ⑤ Speaking & Writing

Ⅱ （解答例）

❶ プレタ・プレチーニャの経営者は誰ですか。

The shop is run by Antonia Joyce Venancio and her sisters.

❷ なぜ筆者はわれわれにその店に行くよう勧めるのですか。

Because everyone can find a doll that resembles him- or herself.

Ⅲ （解答例と解答を導くための箇所）

ブラジルにある人形店「プレタ・プレチーニャ」は、経営者のベナンシオ姉妹の信念である、子どもは誰でも自分たちのイメージを肯定的に反映した人形を持てるべきだという考えに基づき、さまざまな身体的特徴を持つ人々や背景が異なる人々の人形を制作し、販売している。

Preta Pretinha is a doll-making company in Brazil. The shop is unique in that it makes and sells dolls of people with a wide range of physical features, and from different ethnic, religious or social backgrounds. Some of them sit in a wheelchair or stand with crutches. Others wear traditional clothing of various religious and ethnic groups. Such variety is rarely seen in other stores. The shop is run by Antonia Joyce Venancio and her sisters. They have a strong belief that for children, dolls are a mirror of their own being and can also be the closest companions. They feel every child should have a chance to own a doll that reflects their self-image in a positive way. The shop is worth a visit; everyone can find a doll that resembles him- or herself.

今井先生の
英語のお悩み相談室 ❼

「志望大学を変更するべきでしょうか」

生徒：高３の秋に模試を受けたら、志望大学の合格は難しいという判定でした。志望大学を変更するべきでしょうか。今からでも挽回できる方法はありますか。

今井先生：今のあなたの実力と志望大学とのレベルの差がどの程度あるかによって、アドバイスの内容は変わってきます。模試の結果は、あくまでも目安にすぎません。冷静に、志望大学の入試内容を分析してください。そして、今のあなたがどのくらいのレベルにあるのか、模試の結果だけでなく、過去問題なども解いて総合的に判断します。合格レベルに達するまでにどのくらいの学習が必要で、そのためにどのくらいの時間が必要か、逆算

してください。間に合うかどうか自己診断できるでしょう。一般的には、基礎力が定着しているのなら、今後の伸びが期待できますので、思い切って突き進むことをお勧めします。基礎力が定着していない場合は時間がかかりますので、到達できる目標にした方が成功のチャンスは広がります。

　なお、**英語は入試直前まで伸びる教科なので、学習を諦めないことが大切です。**やればやるだけ伸びます。しかしその一方で、勉強し続けないと実力をキープすることはできません。かなり高得点が取れるようになっても、毎日、英語を読んだり、書いたりしてください。試験の直前まで必ず行ってください。

Unit 11

Round ① Vocabulary & Useful Expressions

Ⅰ

❶ Witches   b. Magic women
魔女は多くの西洋の昔話に登場する。

❷ yearning for   e. wishing for
その小さな少女は、綿菓子を欲しがって泣いた。

❸ ordinary   d. common
その弁護士は、それは一般的な事例だと言った。

❹ confessed   c. admitted
アキラは嘘をついたと白状した。

❺ discrimination   a. inequality
性差別はどの職場においても許されるべきではない。

Ⅱ

❶ The design we used was (far) (from) the original plan.

far from 〜は、「〜からは程遠い」また転じて「〜とは全く違う」「とても〜とは言えない」という
意味を指す。from の後には名詞や形容詞などが続く。

❷ (What) you need when traveling abroad is the courage to
communicate.

ここでの what は関係代名詞。先行詞を含み、「〜すること［もの］」の意味を表す。名詞節を導き、
ここでのように文中で主語になるほか、目的語、補語としても働く。

❸ I (saw) Masato (hide) the letter.

「知覚動詞＋ O ＋原形不定詞」で、「O が〜するところを（最初から最後まで）見る［聞く、感じる
など］」という意味になる。なお、O と原形不定詞には、意味上の S ＋ V の関係がある。

❹ The trouble (she) (faced) was soon solved.

目的格の関係代名詞は、制限用法の場合は省略されることが多い。ここでは、trouble と she の間
に that を補うことができる。

全文訳

アントニアは、もともとその店を開くというアイデアを、アフリカ系ブラジル人女性としての自分自身の経験から思いつきました。子どものころ、彼女は自分に似た人形を欲しいと思っていました。しかしその当時は、白い肌をしたヨーロッパ人の特徴を持った人形しか店で売られていませんでした。唯一手に入れることができた他の人形は、黒い布で作られている、安っぽい服を着た、醜い魔女だけでしたが、それは彼女が欲しいものには程遠いものでした。アントニアのおばあさんは、孫娘が黒い肌をしたかわいい人形を欲しがって泣くのを見て、一般の人形の部品と黒い靴下で、黒い肌の人形を作りました。彼女は孫にとって、自分に自信を持つことが大切だと信じており、その人形が助けになるだろうと考えました。それがアントニアの最初の人形でした。アントニアは、祖母の教育が、学校や会社で直面した人種差別に対して闘う強さをくれた、と後に打ち明けました。

---

❶ [×]

（訳）　アントニアは、祖母が経験した差別によって、その店を開こうと決めた。

（解説）1 ～ 2行目に、「その店を開くというアイデアを、自分自身の経験から思いついた」とあるので×。

❷ [○]

（訳）　アントニアが子どもだったころ、かわいい黒い肌をした人形を手に入れるのは難しいことだった。

（解説）3 ～ 5行目の内容と一致。

❸ [×]

（訳）　祖母による教育は、アントニアの人生にあまり影響を及ぼさなかった。

（解説）13 ～ 17行目に、アントニア自身が、「祖母の教育が、学校や会社で直面した人種差別に対して闘う強さをくれた」と言及している箇所があるので×。

Unit 11

Round ④ Review Exercises

Ⅱ

❶ had the idea of opening the shop after her own experience

❷ only white dolls with European features were sold

❸ made of black cloth and wearing cheap-looking clothes

❹ with parts from an ordinary doll and black socks

❺ it was important for her grandchild to be confident in herself

❻ her grandmother's education had given her the strength

Ⅲ

❶ Antonia originally had the idea of opening the shop after her
own experience ~~of~~ as an African-Brazilian woman. ❷ In her
childhood, she wanted a doll that looked like her. ❸ Back then,
however, only white dolls with European features were sold at
shops. ❹ The only other doll available was an ugly witch made of
black cloth and wearing cheap-looking clothes; it was far from
what ~~which~~ she wanted. ❺ When Antonia's grandmother saw her
granddaughter ~~granddaughter's~~ cry, yearning for ~~to~~ a cute black doll, she made one
with parts from an ordinary doll and black socks. ❻ She believed
it was important for her grandchild to be confident in herself, and

thought that the doll ~~will~~ ^{would} help. ❼ That was Antonia's first doll.

❽ Antonia later confessed that her grandmother's education _g~~gives~~ ^{e had given}

her the strength to fight against _f~~a~~ ^{the} racial discrimination she faced

at schools and offices.

❶ ⓐ「店を開くという考え」という意味なので idea と opening の間に前置詞が必要。どの前置詞が使えるかは名詞や文脈によって決まるが、この場合は限定・指定の意味を持つ of が適当。ⓑ「アフリカ系ブラジル人女性としての」という意味なので、前置詞は「〜として（の）」を表す as が適当。

❷ ここでは、「〜に似ている人形」という意味なので、「〜に似ている」を意味する look like 〜 を使う。

❹ which には必ず先行詞が必要なので、先行詞を含む関係代名詞の what に書き換える。

❺ ⓒ ここは「知覚動詞＋Ｏ＋原形不定詞」の構文なので、Ｏ は her granddaughter とする。ⓓ「〜を切望する」は、yearn for 〜で表す。1 セットで覚えよう。

❻ 従属節の動詞の時制が主節の動詞の時制との関係で決まることを「時制の一致」という。ここでは、主節の動詞 think が過去形なので、それと同じ時を表す従属節の動詞も過去形にする必要があり、この場合は助動詞 will が would になる。ただし、時制の一致には例外もある。

❽ ⓔ この場合も「時制の一致」が適用され、従属節の動詞は主節に合わせる必要がある。なお、この場合は、「アントニアが告白している時点」よりも、「祖母の教育が彼女に力をくれた」時点の方が前に起こっているので、had given と過去完了にするのがよい。ⓕ この場合の racial discrimination のように、後ろに関係詞などが付いて（ここでは関係詞が省略されている）特定のものに限定された名詞には不定冠詞 a [an] ではなく、定冠詞 the が付く。

Ⅳ

❶ Daisuke's English is far from perfect.

❷ I regretted what I had said to my closest friend.

❸ I saw a bear cross the street.

❹ The website I used every day was suddenly closed.

Round ⑤ Speaking & Writing

Ⅱ （解答例）

❶ アントニアの祖母は、なぜ孫娘のためにかわいい黒い肌をした人形を作ったのですか。

ⓐ Because she believed it was important for her grandchild to be confident in herself, and thought that the doll would help.

ⓑ Because she thought that the doll would help Antonia to be confident in herself.

❷ アントニアは、祖母の教育から何を得ましたか。

Her grandmother's education gave her the strength to fight against the racial discrimination she faced at schools and offices.

Ⅲ （解答例と解答を導くための箇所）

アントニアが店を開こうと思ったきっかけは、子どものころ、祖母が自分に似た黒い肌をしたかわいい人形を作ってくれたことが元になって、その後直面した差別を乗り越えられた経験だった。

Antonia originally had the idea of opening the shop after her own experience as an African-Brazilian woman. In her childhood, she wanted a doll that looked like her. Back then, however, only white dolls with European features were sold at shops. The only other doll available was an ugly witch made of black cloth and wearing cheap-looking clothes; it was far from what she wanted. When Antonia's grandmother saw her granddaughter cry, yearning for a cute black doll, she made one with parts from an ordinary doll and black socks. She believed it was important for her grandchild to be confident in herself, and thought that the doll would help. That was Antonia's first doll. Antonia later confessed that her grandmother's education had given her the strength to fight against the racial discrimination she faced at schools and offices.

今井先生の
英語のお悩み相談室 ❽

「大学入学までに英語をさらに上達させたいです」

生徒：志望大学に合格しました！ 大学入学までの期間に英語をさらに上達させたいと思っています。どういった勉強をすればよいでしょうか。

今井先生：大学に入ると、英語の授業が始まる前にプレイスメントテストが行われることが多いようです。このテストの結果により、レベルに応じたクラスに振り分けられます。希望に満ちあふれた４月に行われるテストですから、皆さんは良い点数を取りたいと思うでしょうし、上級レベルのクラスで英語を学んだ方が、高度な英語を学べるというメリットもあります。そのためにも、大学に合格したからといって安心せずに、英語の勉強を継続することが大切です。

　プレイスメントテストの内容は大学により異なりますが、GTEC、TOEIC® テスト、TOEFL® ITP テストなどが使われることも多いようです。その場合、**日本語で答える設問は全くありません。そのようなテストで高得点を取れるような勉強方法が適しています**。そしてそれは、大学で、またその後社会に出たときに「英語を使う」ことにもつながります。

　高校の学習を見直し、弱点を補強するのも効果的ですが、そのほかに、①英字新聞を読む、②ラジオやテレビの英語講座を視聴して、毎日英語に触れる時間を確保する、③英語雑誌を購入し、付属の音声を聞いて理解する、④毎日英語で日記を書く、なども有効です。充実した勉強をしてください。

Round ① Vocabulary & Useful Expressions

I

❶ awareness   c. knowledge

その NPO は、環境問題についての人々の意識を向上させようとしている。

❷ diversity   f. variety

私たちはしばしば、地球上に存在する生命の多様性に驚かされる。

❸ insult   a. speak rudely to

どんな場合でも、人前で他人を侮辱してはならない。

❹ thoughtless   d. unkind

トムは友達の心ない発言に腹を立てた。

❺ participants   b. people

その会議には 15 人の参加者がいた。

❻ realized   e. found

私は試験で幾つかの間違いをしたことに気付いた。

II

❶ I like cookies (as) (well) (as) chocolates.

> A as well as B は、「B だけでなく A も」という意味で、B よりも A の方に重点が置かれる。なお、A as well as B が主語になる場合、動詞は A に一致させる。

❷ Can I have (something) (to) (drink)?

> to drink が something を修飾しており、to 不定詞の形容詞用法となっている。なお、ここでは修飾される名詞 something が to drink の意味上の目的語になっていて、「飲むための何か」＝「飲み物」と訳すことができる。

❸ (It) (was) with this bat (that) the famous baseball player hit a home run.

> 強調したい語句を It is ～ that ... の～の部分に入れて強調する文を、「強調構文」という。ここでは文の時制が過去のため、It was ～ that ... となっている。なお、強調される名詞が人の場合は、that の代わりに who を用いることもある。

❹ I (helped) my mother (cook) dinner.

help ＋ O ＋原形不定詞で「O が〜するのを助ける」という意味になる。この原形不定詞は to 不定詞で代用することもできる。

Round ② Silent Reading

全文訳

　人形は、子どもたちに対してはもちろんのこと、大人たちの教育にも効果を発揮します。アントニアは、社会の多様性について人々の認識を高めるために、しばしば学校や大学や会社で勉強会を開きます。彼女はまず黒い肌の人形を使い、自分の差別体験について話します。それから人形が外見のせいで心ない言葉でいじめられている筋書きを提示し、その人形がどんなに悲しく感じているに違いないかを説明します。その後で、参加者たちは自分たちが経験してきたことやどのように感じるかについて話す機会を与えられます。自分自身がとても嫌な思いをした経験を思い出すことで、お互いの違いを尊重することの重要性に気付き、より良い方法で意思疎通できるようになるのです。

　アントニアは、違っていることは哀れまれるべきことではない、と強調します。「違っている」人々が苦しむ社会を作り出しているのは、私たちの認識不足に他ならないのです。プレタ・プレチーニャで作られている人形は、人々が多様性について考える助けになるのです。

---

❶ [×]

（訳）　人形は、大人よりも子どもを教育するのに役立つ。

（解説）1 行目に「人形は、子どもたちに対してはもちろんのこと、大人たちの教育にも効果を発揮する」とあるが、「子どもに対しての方がより効果的」とは記載されていないので×。

❷ [×]

（訳）　アントニアの勉強会では、参加者たちはアントニアの講義を聞くだけである。

（解説）7 〜 8 行目に、「参加者たちは自分たちが経験してきたことやどのように感じるかについて話す機会を与えられる」とあるので×。

❸ [○]

（訳）　アントニアの勉強会では、参加者たちはお互いの違いを尊重することが大切だと気付く。

（解説）9 〜 10 行目の記述と一致。

Round **4** Review Exercises

II

❶ effective for educating adults as well as children

❷ in order to raise people's awareness of social diversity

❸ presents a scenario where a doll is insulted with thoughtless words

❹ to talk about what they have experienced and how they feel

❺ realize the importance of respecting each others' differences

❻ being different is not something to be pitied

III

❶ Dolls are effective ~~on~~ for educating adults as well as children.

❷ Antonia often provides workshops at schools, colleges and offices in order ~~that~~ to raise people's awareness of social diversity.

❸ She first uses a black doll to talk about her experience of discrimination. ❹ Then she ~~presented~~ presents [a] a scenario where a doll is insulted with thoughtless words because ~~its~~ of [b] appearance, and describes how sad it must feel. ❺ Later, participants ~~give~~ are given [c] opportunities to talk about ~~that~~ what [d] they have experienced and how they feel. ❻ By remembering their own traumatic experiences, they realize the importance of respecting each others' differences

to communicate
and learn ~~communicating~~ more positively.

❼Antonia stresses that being different is not something to be

pitied. ❽It is our lack of awareness ~~what~~ that creates a society where

"different" people suffer. ❾The dolls ~~that~~ created at Preta

Pretinha help people think about diversity.

❶ effective on ～は、「(法律などが) ○月○日から発効する」という場合には使われるが、この場合は不適当。「～について効果的」という場合は effective for ～を使う。

❷ in order that の後には S ＋ V が続く。ここでは動詞の原形 raise が続いているので、that を to に変え、「in order ＋ to 不定詞」とするのが妥当。なお、in order that は文語体に多く用いられる。

❹ ⓐ ここでは、文脈からアントニアが過去に開催した特定の勉強会についてではなく、毎回の勉強会で習慣的に行うことについて述べていると分かるので、present は過去形ではなく、3 人称単数現在の presents になる。前後にある動詞 uses と describes が現在形である点に注意を払えば容易に気付くはず。ⓑ because は接続詞なので後には S ＋ V から成る節が続く。ここでのように名詞を続ける場合には、「～のために [が原因で]」という意味を表す because of ～を使う。

❺ ⓒ 参加者は、話す機会を与える側ではなく、与えられる側なので、give を受動態の are given に訂正する。ⓓ talk about の後には名詞に相当する語句が続く。関係代名詞 that をここに置く場合は先行詞が必要。先行詞を含んで「～すること [もの]」の意味を表す関係代名詞 what に書き換えると正しい文になる。

❻ learn は to 不定詞のみを目的語にとる。動名詞は目的語にとらない。

❽ 強調構文は、It is ～ that [who] ... で表す。

❾ ここでは、the dolls が何かを作るのではなく、「プレタ・プレチーニャで作られた人形」という意味なので、that created を受動的な関係を表す過去分詞 created に修正することで、the dolls を文脈通り正しく修飾することになる。または that are created でも可。

Ⅳ

❶ Judy speaks Chinese as well as English.

❷ If you have something to buy, I can stop at a convenience store.

❸ It was the green bike that Hotaka wanted for his birthday present.

❹ Could you help me do my homework?

Round **⑤** Speaking & Writing

II （解答例）

❶ アントニアの勉強会の後、参加者たちはどのように変わりますか。

They realize the importance of respecting each others' differences and learn to communicate more positively.

❷ プレタ・プレチーニャで作られた人形はどのように人々の考えに影響を与えますか。

They help people think about diversity.

III （解答例と解答を導くための箇所）

人形は大人の教育にも効果的で、アントニアが開く社会の多様性についての認識を高めるための勉強会は、参加者が互いの違いを尊重することの大切さを認識し、より良く意思疎通できるようになる機会となっている。

　Dolls are effective for educating adults as well as children. Antonia often provides workshops at schools, colleges and offices in order to raise people's awareness of social diversity. She first uses a black doll to talk about her experience of discrimination. Then she presents a scenario where a doll is insulted with thoughtless words because of its appearance, and describes how sad it must feel. Later, participants are given opportunities to talk about what they have experienced and how they feel. By remembering their own traumatic experiences, they realize the importance of respecting each others' differences and learn to communicate more positively.

IV （解答例）

ブラジルの人形店プレタ・プレチーニャは、人間の多様性を反映した人形を制作・販売することにより、社会の多様性について人々の認識を高めることに貢献している。（76字）

解答例 ❶

According to this passage, Preta Pretinha tells us that all the people in our society are different and that it is important to respect each other's differences. We can think about social diversity by visiting the shop.

I feel the world is much better than it used to be. For example, most of us have the idea that racial discrimination should not be allowed. But that alone does not mean that racial discrimination does not exist anymore. We still regard someone as different by his/her race, or the country where he/she is from.

I think we can understand each other more deeply if we focus on what other people think rather than how they look. Feelings like happiness or sadness are common all over the world. By looking at commonality, rather than difference, we can recognize others as individuals just like us and get along with them better.

解答例 ❷

Japanese people often take it for granted that we share the same physical features or ethnic, religious or social backgrounds. Therefore, if someone looks different from us, we tend to have fixed ideas about him/her. Preta Pretinha helps us recognize that all people are actually different, and that this is all right. The shop emphasizes that being different is not a problem. The only problem is our lack of awareness.

These days, more and more foreign people come to Japan to study, work or live. Because the birth rate of Japan has been declining, we need help from foreign people. Moreover, even among Japanese people, there are a lot of differences. For example, we have different physical features or economic status. In such a society, each of us should regard others just as individuals, without focusing on their "difference."

重要語句チェックリスト

本書で学習した語句がしっかり覚えられたかどうかチェックしましょう。

英文	類義語	日本語訳	＊
☐ <u>Currently</u>, there are 50 members in our club.	Now	現在	1
☐ Our company developed a new type of eco-friendly <u>vehicle</u>.	car	車	1
☐ My father <u>accepted</u> my plan to go to an amusement park.	welcomed	～を受け入れる	1
☐ This factory <u>manufactures</u> electrical appliances.	makes	～を生産する	1
☐ This skirt is a bit too long for me. I need to <u>adjust</u> its length.	slightly change	～を調節する	1
☐ During the 1990s, Japan experienced a " lost <u>decade</u>. "	ten years	10年	2
☐ Masaru <u>purchased</u> his bicycle in an online auction.	bought	～を購入する	2
☐ Finland is famous for its high standard of living. <u>Furthermore</u>, it is also a country with advanced technology.	In addition	その上	2
☐ The musical was <u>adapted</u> for Japanese audiences.	changed	～を作り変える	2
☐ The major <u>ingredients</u> of bread are yeast, butter, water, milk and flour.	contents	材料	2
☐ In Japan, people aged 65 or over <u>account for</u> more than 23 percent of the population.	make up	～を占める	2
☐ The doctor advised me not to drink <u>beverages</u> with caffeine.	drinks	飲み物	3
☐ Check-in counters for <u>domestic</u> flights are on the second floor.	national	国内の	3
☐ 100-percent cotton shirts <u>shrink</u> after being washed.	become small	縮む	3
☐ The unemployment rate <u>declined</u> slightly from last month.	fell	低下する	3
☐ The two major political parties <u>competed</u> in the election.	fought	争う	3
☐ <u>Suppose</u> you were a superhero, what would you do?	Imagine	～と仮定する	4
☐ I <u>am willing to</u> help you if you are in trouble.	am ready to	快く～する	4
☐ We should sometimes be <u>suspicious</u> of what the media says.	doubtful	懐疑的な	4
☐ Many critics <u>reviewed</u> the movie.	commented on	～を批評する	4
☐ Unfortunately, I had no other <u>option</u>.	choice	選択肢	4
☐ Many scientists argue that the progress of global warming has been <u>enormously</u> fast since the 20th century.	very	非常に	5
☐ The nurse <u>adopted</u> a caring attitude to her patients.	had	（態度など）を取る	5
☐ Masaru 's <u>behavior</u> always surprises us.	way of acting	振る舞い	5
☐ I think your daughter 's personality <u>parallels</u> yours.	is similar to	～に似ている	5
☐ I saw a <u>herd</u> of mountain goats in the Canadian Rockies.	group	群れ	5
☐ Nothing is more <u>destructive</u> than war.	damaging	破壊的な	5
☐ When you live in a foreign country, you should respect their cultural <u>norms</u>.	rules	規範	5

英文	類義語	日本語訳	＊
☐ Leaders should act with <u>authority</u>.	power	権威	6
☐ Genghis Khan is an important <u>figure</u> in Mongolian history.	person	人物	6
☐ In some Middle-Eastern countries, use of the Internet <u>spurred</u> political changes.	pushed forward	～に拍車をかける	6
☐ In 1912, the R.M.S. Titanic was <u>heading</u> to New York.	going	～に向かう	6
☐ I <u>assumed</u> that Owen was an American, but he is Canadian.	thought	～と思う	6
☐ This actor <u>frequently</u> appears on TV, but I still cannot remember his name.	often	たびたび	7
☐ In <u>ancient</u> Greece, Athens and Sparta were the most powerful city-states.	old	古代の	7
☐ The music of Mozart still <u>fascinates</u> us today.	interests	～を魅了する	7
☐ I need to take <u>medication</u> to lower my blood pressure.	drugs	薬（服薬）	7
☐ You can be fined if you <u>exceed</u> the speed limit.	are over	～を超える	7
☐ When you turn 20, you will get both the rights and <u>corresponding</u> duties of an adult.	matching	相応する	7
☐ The widespread <u>application</u> of robot technology is expected.	use	応用	8
☐ If you <u>combine</u> two atoms of hydrogen with one of oxygen, you will get water.	link	～を結合させる	8
☐ Humans need a large amount of care during their <u>infancy</u>.	early childhood	幼児期	8
☐ Giant pandas reach <u>maturity</u> at the age of four to six.	adulthood	成熟期	8
☐ The complex emotion of the artist is <u>depicted</u> in this picture.	shown	～を描く	8
☐ Everyone wants to have <u>eternal</u> youth.	endless	永遠の	8
☐ The NPO <u>intensified</u> support for developing countries.	increased	～を強化する	8
☐ You should include some <u>graphical</u> information, such as charts, in your report.	visual	図式を用いた	9
☐ This picture is a symbolic <u>representation</u> of an ideal world.	description	表したもの	9
☐ The price of oil is in an <u>upward</u> trend.	rising	上昇の	9
☐ World leaders should share a sense of crisis about the <u>acceleration</u> of global warming.	increasing speed	加速	9
☐ A new medicine has been found to slow down the <u>progression</u> of the disease.	development	進行	9
☐ Because several accidents happened at the same time, traffic was in <u>chaos</u>.	confusion	大混乱	9
☐ There are several unique <u>features</u> of Japanese traditional plays.	characteristics	特徴	10
☐ You can enjoy <u>various</u> activities in this park.	many kinds of	さまざまな	10
☐ Miyuki is a good <u>companion</u> to me.	friend	仲間	10
☐ Kaori 's expression <u>reflected</u> how happy she was.	showed	～を表す	10
☐ Yoko <u>resembles</u> her sister in appearance.	looks like	～に似ている	10
☐ <u>Witches</u> appear in many old, western tales.	Magic women	魔女	11
☐ The little girl cried, <u>yearning for</u> a cotton candy.	wishing for	～を欲しがる	11

英文	類義語	日本語訳	*
☐ The lawyer said that it was an <u>ordinary</u> case.	common	一般的な	11
☐ Akira <u>confessed</u> that he had told a lie.	admitted	～と白状する	11
☐ Gender <u>discrimination</u> should not be allowed in any office.	inequality	差別	11
☐ The NPO is trying to improve people's <u>awareness</u> of environmental problems.	knowledge	意識	12
☐ We are often surprised by the <u>diversity</u> of life on earth.	variety	多様性	12
☐ In any case, you should not <u>insult</u> others in public.	speak rudely to	～を侮辱する	12
☐ Tom got angry at his friend's <u>thoughtless</u> remark.	unkind	心ない	12
☐ There were 15 <u>participants</u> in the meeting.	people	参加者	12
☐ I <u>realized</u> that I had made some mistakes in the exam.	found	～に気付く	12